Ernst Christoph Suttner

Wir glauben
an die eine heilige Kirche

W0044345

ERNST CHRISTOPH SUTTNER

Wir glauben an die eine heilige Kirche

echter

Inhaltsverzeichnis

I. Allein der Glaube findet die eine heilige Kirche in der irdischen Wirklichkeit

Der Titel der Untersuchung folgt dem altkirchlichen Glaubensbekenntnis. Ihm gemäß erlangt die Kirche ihre Gewissheit von der ihr abverlangten Einheit und Heiligkeit durch den Glauben, denn das Evangelium erhebt dafür Ansprüche, die gemessen sind an der Vollkommenheit Gottes – Ansprüche also, die erst in der Ewigkeit eingelöst werden. Unsere empirische Einsicht aber hat irdische Realitäten zum Objekt und erahnt von der Einheit und Heiligkeit der Kirche nicht mehr als einen schwachen Schattenriss, der erst nach der Wiederkunft des Herrn die Erfüllung finden wird.

Für die Heiligkeit der Kirche und ihrer Glieder gilt das Jesuswort: *„Ihr sollt vollkommen sein, wie es auch euer himmlischer Vater ist"* (Mt 5,48). Von solcher Heiligkeit kann die Empirie nur äußerst kümmerliche Spuren in der irdischen Kirche und in ihren Gliedern vorfinden. Sie sieht sich gezwungen, beim Studium der Kirchengeschichte anstatt auf dieses Jesuswort mehr auf das Gleichnis vom Unkraut im Acker zurückzugreifen, dessen Wachstum der Herr der Ernte bis zum Ende der Zeiten duldet. Desgleichen stößt die Empirie höchstens auf Ansätze einer Einheit, die das Jesuswort erfüllt: *„Wie du, Vater, in mir bist und ich in dir bin, sollen auch sie in uns sein, damit die Welt glaubt, dass du mich gesandt hast"* (Jo 17, 21). Da die heiligste Dreifaltigkeit und ihre Einheit die menschlichen Einsichtsmöglichkeiten überragen, kann sich die Empirie das Vollmaß solcher Einheit nicht einmal vorstellen, geschweige denn danach suchen. Im Oktoichos (ein Hymnenbuch der griechischen Kirche für den Gebrauch beim täglichen Gottesdienst) wird den Mönchen wiederholt zur Meditation der überzeitlichen Einheit der Kirche der Vers vorgetragen: *„Durch das Kreuz, mein Christus, ist **eine** Herde aus Engeln und Menschen und die **eine** Kirche entstanden; Himmel und Erde sind voller Freude; Herr, Ehre sei Dir.“* Von einer Einheit mit Himmelsbewohnern kann es jedoch keine irdische Erfahrung geben.

Nur der Glaube kann also das Wenige, das in der zeitlichen Kirche an Heiligkeit und Einheit anzutreffen ist, als minimale Spuren eines Anbruchs der gottgewollten endzeitlichen Einheit und Heiligkeit deuten. Wo also kann menschliches Suchen auf Erden jene Kirche finden, von der das kirchliche Glaubensbekenntnis spricht? Darüber haben die Christen im Lauf der Jahrhunderte wegen unterschiedlicher Denkgepflogenheiten recht Unterschiedliches vertreten.

II. Wo auf Erden lebt jene Kirche, auf die sich die Aussage im Glaubensbekenntnis über ihre Heiligkeit und Einheit bezieht?

1) Wegen Christi Auftrag: *„geht zu allen Völkern, und macht alle Menschen zu meinen Jüngern, tauft sie auf den Namen des Vaters und des Sohnes und des Heiligen Geistes, und lehrt sie alles zu befolgen, was ich euch geboten habe"* (Mt 27,19) erfuhr die Kirche schnell eine weite Verbreitung und erlangte große Verschiedenheit. Für nicht wenige Christen war die Verschiedenheit von Anfang an problematisch.

Von Verschiedenheit und von den Schwierigkeiten, die sie in der Kirche bereitete, zeugen bereits Apostelgeschichte und Paulusbriefe. Sie zeigen auf, dass in der Kirche von Anbeginn ein von nicht wenigen Gemeindemitgliedern bestrittener Platz bestand für Gläubige, die vor ihrer Taufe fromme Juden waren und nach der Taufe die mosaischen Überlieferungen beibehielten. Ebenso für Taufbewerber aus anderen Völkern, welche die Speisegesetze und sonstigen religiösen Bräuche der alttestamentlichen Frommen nicht einmal kannten. Obgleich das geistliche Leben also recht unterschiedlich war, wurden nach zeitweiligen Auseinandersetzungen die einen und die anderen als gleichberechtigte Christen anerkannt. Ihre Verschiedenheit, die empirisch beträchtlich war, schuf nach dem Zeugnis von Apostelgeschichte und Paulusbriefen zwar in den Augen von Menschen Probleme, tat aber ihrer gottgeschenkten Einheit keinen Abbruch.

Weitere Verschiedenheiten, von denen das Neue Testament nicht einmal spricht, gab es bereits zur Zeit der Apostel; sie wurden in ihren Tagen teils erlangt, teils zumindest grundgelegt. Denn Apostelgeschichte und Apostelbriefe dokumentieren nur die Mission, die von Palästina aus innerhalb des römischen Reichs nach Westen ging; sie schweigen über die frühe Missionstätigkeit bei Völkerschaften mit alten kulturellen Traditionen östlich und südlich von Palästina, von der wir wissen, dass sie gleich am Anfang einsetzte.[1]

Im Osten des Römerreichs und auch jenseits von dessen Ostgrenze war damals die aramäische Sprache Volkssprache, und als Sprache von Händlern und Diplomaten war sie noch weiter verbreitet. In unseren konfessionskundlichen Büchern heißt sie meist *syrische Sprache* und die Kirchen, in denen sie verwendet wurde (und zum Teil bis heute verwendet wird), werden *syrische Kirchen* genannt. In dieser Sprache dürfte Jesus gepredigt haben, und sie dürfte auch die Muttersprache seiner meisten Jünger gewesen sein. Wer also das Christentum nach Osten trug, brauchte Jesu Botschaft nicht einmal in eine andere Sprache zu übersetzen, wie dies für Paulus bei den Griechen oder für Petrus und Johannes in Rom und in Ephesus notwendig war; er konnte sie im „ursprünglichen Kleid" belassen.

Sprachliche Gemeinsamkeit und sprachliche Verschiedenheit haben kulturelle Verbundenheit bzw. Divergenz zur Folge. Folglich waren die kulturellen Lebensumstände der aramäischsprachigen (semitischen) Heiden jenen der Juden ähnlicher, als es die Gepflogenheiten der griechischen Heiden gewesen waren. Die Aramäer formten daher nach der Taufe ein Gemeindeleben aus, das weder griechisch noch judenchrist-

---

1 Vgl. den Beitrag „Asien – Ältere Kirchengeschichte" in: LThK I(1993) S. 1066f.

lich war, aber den jüdischen Überlieferungen näher stand als jenes, zu dem es in den Missionsgemeinden von Petrus, Paulus oder Johannes kam. Erst recht galt dies für die anderen Völker im Osten und Süden, zu denen das Evangelium in der Frühzeit getragen wurde, denn noch viel eigenständiger muss sich das Kirchenleben bei weiter entfernt wohnenden Kulturvölkern entwickelt haben. Die Mission in die Ferne war, so darf man zusammenfassen, „organisatorisch unvorbereitet", als sie einsetzte,[2] doch sie war erfolgreich.[3]

2 Im 1. Band des Handbuchs der Kirchengeschichte, hg. von Hubert Jedin, Freiburg 1962, S. 243, formuliert Karl Baus, dass beim frühen Missionswerk der Christenheit noch „keine zentrale Leitung und Organisation erkennbar" war.

3 Ein Bericht über historisch Beweisbares zur weiten Verbreitung des Christentums in den ersten Jahrhunderten, dazu Hinweise auf legendäre Überlieferungen zu nicht beweisbarer Missionstätigkeit sind enthalten in Bd. 2 des monumentalen Werks „Die Geschichte des Christentums", Freiburg 1996, im Kapitel „Das Entstehen der einen Christenheit", S. 53 ff., sowie im 5. Teil dieses Bandes, S. 877 ff. Das östlichste Land der frühen Mission ist Indien, wo die Thomas-Christen Südindiens überzeugt sind, dass der Apostel Thomas persönlich ihren Vorvätern gepredigt habe; von ihrer Überlieferung gibt Placid Podipara in „Die Thomas-Christen", Würzburg 1966, eine eingehende Darstellung. Auch wenn dies von Historikern bezweifelt wird, steht fest, dass das Evangelium bereits in vorkonstantinischer Zeit nach Indien gebracht wurde. Das westlichste Land der frühchristlichen Missionstätigkeit war das keltische Britannien und die südlichsten Länder waren Äthiopien und der Jemen. Von den erreichten Völkern mit je eigenen kulturellen Traditionen gilt, dass das Evangelium bei ihnen bereits zwischen dem 1. und 4. Jahrhundert (ehe das Christentum Staatsreligion im Römerreich geworden war) ankam. Kenntnis haben wir auch davon, dass auf dem Reiseweg zu ihnen mancherorts christliche Kirchen begründet wurden, die irgendwann aber wieder erloschen, zum Beispiel auf der Insel Soqotra; vgl. Zoltán Biedermann: Soqotra. Geschichte einer christlichen Insel im Indischen Ozean vom Altertum bis zur frühen Neuzeit, Wiesbaden 2006; Rezension dazu in OstkStud 56 (2007) S. 189–191.

Als in apostolischer und unmittelbar nachfolgender Zeit Glaubensboten die Botschaft des Evangeliums zu vielerlei Völkern hinaustrugen, war es ausgeschlossen, dass sie ein ausgebildetes Kirchenleben überbracht hätten, denn ein solches musste auch dort, wo sie herkamen, erst noch entfaltet werden. Von der Erlösung und von der Berufung zum Gottesreich und zur Gotteskindschaft hatten sie zu künden, und vom Kreuz, von der Auferstehung und vom ewigen Leben mussten sie predigen. Sie mussten darauf vertrauen, dass der Gottesgeist die Gemeinden der Neubekehrten befähige, ein des Glaubens würdiges Kirchenleben und eine dem Evangelium gemäße Kirchenordnung zu entwickeln. Ebenso passende Frömmigkeitsformen und eine Redeweise, in der in ihrer Kulturwelt über die Frohbotschaft korrekt gesprochen werden konnte, auch dass er ihnen helfe, sich zur Wehr zu setzen gegen Aberglauben und Synkretismen. Nicht einmal das neue Testament lag vor, als das Missionswerk einsetzte und wir wissen nicht, wie lange es dauerte, bis es vollständig geschrieben und bis ein allgemeiner Konsens über seinen Umfang gefunden war.

Schon im 2. Jahrhundert konnte Irenaeus von Lyon – nach eigenem Zeugnis ein Schüler Polykarps, eines Zeitgenossen des Apostels Johannes – schreiben, dass die Kirche über die ganze Welt verstreut ist und ihre Botschaft und ihren Glauben sorgfältig so bewahrt, wie sie ihn empfangen hat *„als ob sie in einem Haus wohnte, (sie) glaubt so daran, als ob sie nur eine Seele und ein Herz hätte, und (sie) verkündet und überliefert ihre Lehre so einstimmig, als ob sie nur einen Mund besäße. Und wenngleich es auf der Welt verschiedene Sprachen gibt, so ist doch die Kraft der Überlieferung ein und dieselbe. Die in Germanien gegründeten Kirchen glauben und überliefern nichts anderes als die in Spanien oder bei den Kelten, (als) die im*

Orient oder in Ägypten, (als) die in Lybien oder in der Mitte der Welt (gegründeten Kirchen). So wie Gottes Sonne in der ganzen Welt eine und dieselbe ist, so dringt auch die Botschaft der Wahrheit überall hin und erleuchtet alle Menschen, die zur Erkenntnis der Wahrheit kommen wollen."[4] Alle bekennen, schreibt Irenaeus, *"ein und denselben Gott Vater, alle glauben an dieselbe Ordnung der Menschenliebe des Sohnes Gottes, wissen von ebenderselben Gnade des Geistes, beobachten ebendieselben Gebote und bewahren ebendieselbe Form der kirchlichen Verfassung, erwarten ebendieselbe Ankunft des Herrn und erhoffen ebendieselbe Heiligung des ganzen Menschen, d. h. des Leibes und der Seele. Wahr und fest ist die Predigt der Kirche, ein und derselbe Weg zum Heil wird der ganzen Welt gewiesen ..."*[5] *"Wo die Kirche, da ist auch der Geist Gottes, und wo der Geist Gottes, dort ist die Kirche und alle Gnade ..."*[6]

2) Halten wir uns vor Augen, zu wie vielen Kulturvölkern das Evangelium in der Frühzeit getragen wurde. Dann ergibt sich das Gewicht der Aussage des II. Vatikanischen Konzils in *Unitatis redintegratio*, Art. 14, dass *"das von den Aposteln überkommene Erbe in verschiedenen Formen und auf verschiedene Weise übernommen und daher schon von Anfang an in der Kirche hier und dort verschieden ausgelegt worden (ist), wobei auch die Verschiedenheit der Mentalität und der Lebensverhältnisse eine Rolle spielten"*.
Ein weltweiter Überblick erbringt also, dass sich in frühkirchlicher Zeit eine vielgestaltige Christenheit ausbildete, die in weit verstreuten und voneinander unterschiedlichen Ortsge-

---

4 Irenaeus, Gegen die Häretiker, I, 10,2, Zitat nach der Übersetzung in der Bibliothek der Kirchenväter, Kempten 1912.
5 Irenaeus, Gegen die Häretiker, V, 20,1.
6 Irenaeus, Gegen die Häretiker, III, 24,1.

meinden lebte. Doch in einer jeden Region ergab sich zwischen den Ortsgemeinden eine gewisse gemeinsame Prägung; dort glichen sie einander auch, denn sie standen alle in Bezug zur dortigen regionalen Kultur. So formten sie in dem Bewusstsein, jener weltweiten Verbrüderung anzugehören, die Irenaeus von Lyon beschrieb, dank der Führung durch den Heiligen Geist je eine regionale Zusammengehörigkeit aus, und es mochte scheinen, sie würden mit der Zeit in ihrer jeweiligen Heimat zu etwas wie „Landeskirchen" heranreifen können. In *Lumen gentium*, Art. 23, heißt es: *„Dank der göttlichen Vorsehung sind die verschiedenen Kirchen, die an verschiedenen Orten von den Aposteln und ihren Nachfolgern eingerichtet worden sind, im Lauf der Zeit zu einer Anzahl von organisch verbundenen Gemeinschaften zusammengewachsen. Sie erfreuen sich unbeschadet der Einheit des Glaubens und der einen göttlichen Verfassung der Gesamtkirche ihrer eigenen Disziplin, eines eigenen liturgischen Brauches und eines eigenen theologischen und geistlichen Erbes."*

All dies erweist die Wichtigkeit der Darlegung in *Unitatis redintegratio*, Art. 17, *„dass von der einen und von der anderen Seite bestimmte Aspekte des geoffenbarten Mysteriums manchmal besser verstanden und deutlicher ins Licht gestellt wurden"*, so dass *„oft mehr von einer gegenseitigen Ergänzung als einer Gegensätzlichkeit"* zu sprechen ist. Das gegenseitige Ergänzen war von Anfang an – und ganz besonders in frühchristlicher Zeit – gerade deswegen möglich, weil die Kirchen aufgrund der ehemals weit voneinander divergierenden sozialen und kulturellen Lebensverhältnisse ihres Kirchenvolks die Glaubensmysterien auf eine je besondere Weise meditierten, bestimmte Aspekte besonders lieben lernten und ihrem Kirchenleben eine je spezifische Note verliehen. Die Möglichkeit, dass die Kirchen einander ergänzen, lässt sich mit dem Erleben von Wanderern vergleichen, die aus unterschiedlichen Richtungen auf einen hohen Berg zugehen und von ihm je einen Teilanblick erwerben. Um über den Berg in seiner Gänze Bescheid zu erlangen, haben sie ihre eigene Erfahrung keineswegs zu relativieren, denn von ihrer Seite her bietet der Berg wirklich die Ansicht, die sie sehen; doch sie müssen die eigene Einsicht ergänzen anhand der Erfahrung anderer Wanderer, die aus anderen Himmelsrichtungen kamen. Solchen Wanderern ähnlich können die Kirchen den Anteil an Einsicht in das göttliche Mysterium, der ihnen selber entsprechend ihren kulturellen Gegebenheiten zuwuchs, durch Austausch mit den anderen Kirchen zu einer volleren Erkenntnis heranreifen lassen.

Um ein Beispiel aus altkirchlicher Zeit zu benennen, bei dem die Gesamtkirche durch verschieden geprägtes Hinblicken auf ein Glaubensmysterium ihre Aussagen über das göttliche Mysterium verbreitern konnte, sei auf die Geschichte unseres Glaubensbekenntnisses verwiesen. In Kürze und ohne einen weiteren Zusatz bekannte im Jahr 325 das Konzil von Nicäa: *„wir glauben … an den Heiligen Geist"*. Zur Abwehr der so genannten Pneumatomachen[7] bedurfte es in der Folgezeit einer deutlicheren Aussage, und so kam es zu jenem Bekenntnis, das wir aus dem *„Horos pisteos"* von Chalkedon kennen und das dort *„Symbol der in Konstantinopel versammelten 150 heiligen Väter"* heißt.

Wer sich auf das Symbol der 150 heiligen Väter als auf einen gesamtkirchlich autoritativen Text berufen will, muss dies unter Bezugnahme auf das Konzil von Chalkedon tun, denn erst in Chalkedon, im Jahr 451, stimmte die gesamte griechisch-lateinische Reichskirche diesem Symbol zu. Erst da-

---

7 Eine kurz gefasste Charakteristik der ehemals einflussreichen theologischen Gruppierung findet sich in LThK VIII (1999) S. 367 f.

durch wurde es zu einem Glaubensbekenntnis aller Kirchen des römischen Reichs.[8] In ihm begegnet die Formel: *„Wir glauben … an den Heiligen Geist, den Herrn und Lebensspender, der aus dem Vater hervorgeht …"* Das Bekenntnis mit diesem Wortlaut nennen wir *„Nicaeno-Constantinopolitanum"*.

Die Griechen, welche die Formel erarbeiteten, standen einer Vielzahl von Hellenen – von gebildeten Polytheisten mit hoher literarischer Kultur – gegenüber, denen sie literarisch und mit eindeutiger Terminologie zu begegnen hatten, und sie bedienten sich bei der Rede über den Heiligen Geist des Wortlauts von Jo 15,26. Denn dieser hebt – in klarem Gegensatz zum Polytheismus der Hellenen – den Ein-Gott-Glauben der Christen hervor, indem er den Vater ausdrücklich das eine Prinzip der Gottheit nennt.

Im lateinischen Westen hießen die Heiden *„pagani"* (= im pagus, fern von den Kulturzentren lebende Menschen, sozusagen *„Hinterwäldler"*). Sie besaßen keine hohe literarische Bildung und konnten ihren Polytheismus nicht beeindruckend verkünden. Die Kirche hatte es dort wenig mit einem Vielgötterglauben gebildeter Hellenen, aber viel mit Priszillianern zu tun, welche die Personen der Trinität vermengten, und mit Germanenvölkern, die christlich waren, aber den Logos dem Vater unterordneten. Schon vor dem Konzil von Chalkedon war es dort üblich gewesen, zu predigen, dass der Heilige Geist aus dem Vater und dem Sohn hervorgeht. Denn besonders den „arianisierenden" Germanen gegenüber war

---

8 Bekanntlich war die Zusammenkunft *„der in Konstantinopel versammelten 150 heiligen Väter"* weder als ökumenische Versammlung einberufen noch als solche durchgeführt worden; erst die nachträgliche Approbation in Chalkedon verlieh der Versammlung von Konstantinopel jenen Rang, der es erlaubt, sie in unseren Lehrbüchern als zweites ökumenisches Konzil zu zählen.

zu betonen, dass der Vater dem Sohn bei der Zeugung seine gesamte Vollkommenheit außer der Vaterschaft mitteilte; dass der Sohn es darum von Ewigkeit her vom Vater erhalten hat, mit ihm zusammen der ewige Ursprung des Heiligen Geistes zu sein.[9] Aus den Schriften des Aurelius Augustinus, der bereits 430 starb, das heißt mehr als zwei Jahrzehnte, bevor 451 das Konzil von Chalkedon die Rezeption des „*Symbols der in Konstantinopel versammelten 150 heiligen Väter*" im Westen einleitete, geht hervor, dass die lateinische Christenheit schon vor dieser Rezeption das Hervorgehen des Heiligen Geistes aus dem Vater und dem Sohn (*a patre et a filio* oder *a patre filioque* bzw. *ab utroque*) gelehrt hatte. Die Verschiedenheit der theologischen Interessen wegen unterschiedlicher kultureller Umstände und deswegen auch unterschiedlicher apologetischer Erfordernisse zwischen den griechischen und den lateinischen Vätern in der Frühzeit hatte also sogar zu verbalen Nuancen beim Reden über den kirchlichen Dreifaltigkeitsglauben geführt.

9 D. Ramos-Lisson, Die synodalen Ursprünge des *filioque* im römisch-westgotischen Spanien, in: Ann. Hist. Conc. 16 (1984) S. 286–299, handelt auf den S. 289 ff., von jenen Irrlehren, die es herbeiführten, dass die Rede „*und vom Sohn*"in die hispanischen „*regulae fidei*"einging und dass deswegen Priszillianismus und Arianismus als die „*Verursacher der Formulierung des filioque in den hispanischen Symbolen*" zu bezeichnen sind. In seiner *Zusammenfassung*, S. 299, formuliert er: „*Es scheint uns auch interessant, die auslösende Rolle des Priszillianismus und des Arianismus hervorzuheben. … Auf Grund der Daten, die wir den untersuchten Quellen entnehmen, scheint es, dass die Formulierung des filioque in verschiedenen Symbolen ein Werk des bischöflichen Lehramtes ist, entweder auf persönlicher Ebene auf dem Gebiet der Diözese, oder auf kollegialer Ebene bei der Versammlung einer regionalen oder nationalen Synode, wenn es galt den Ansätzen des Priszillianismus und des Arianismus entgegenzutreten.*"

Die griechische Fassung des Bekenntnisses von der heiligsten Trinität, die einem Schriftwort folgt und den Polytheismus abwehrt, und die abendländische Predigtweise über das Mysterium der heiligsten Dreifaltigkeit, welche die Ranggleichheit des Logos mit dem Vater herausstellt, koexistierten bereits, als das *Nicaeno-Constantinopolitanum* in den Westen gebracht wurde[10] Die Gesamtkirche, die bei der Glaubensunterweinung hier die eine und dort die andere katechetische Formel verwandte, stellte dabei zwei wichtige Aspekte ihres gemeinsamen Dreifaltigkeitsglaubens heraus, denen beide Seiten voll beipflichteten, von denen aber aufgrund je besonderer apologetischer Erfordernisse beim Predigen über den Heiligen Geist jeweils einer in den Vordergrund gerückt war, und der andere beim Rezitieren des Glaubensbekenntnisses sozusagen „an zweiter Stelle" verblieb, weil man beides, obwohl es zusammen gehört, nicht in einem einzigen Satz aussprechen kann.

3) Als die frühchristlichen Kirchen begründet wurden und für sie keine gemeinsame Kirchenführung amtierte, war die Koordination zwischen ihnen dem empirisch nicht nachweisbaren, sondern allein im Glauben erfassbaren Wirken des Heiligen Geistes anheim gestellt. Man verlangte weder, dass sich die Einheit der Kirche an Einheitlichkeit der Redeweisen beim Verkünden der Glaubensbotschaft, an Einheitlichkeit der Gottesdienstfeiern noch an Übereinstimmung in Kirchenordnung und Pastoral erweise. Auch nicht an einem Gleichlaut der Glaubensbekenntnisse, die bei der Taufe ab-

10   Zu dieser Entwicklung vgl. Suttner: Vielfalt im Bekenntnis der Kirche für den gemeinsamen Glauben an den dreifaltigen Gott, in: Teologia, Revista Facultăţii de Teologia din Arad, vol. 44, nr. 2 (2011) S. 11–29.

gelegt wurden.[11] Im Vertrauen auf die Führung durch den Heiligen Geist hielt man alle Kirchen, die das Evangelium von der Erlösung durch Jesus unverfälscht predigten und die heiligen Sakramente auf ihre Weise feierten, für gleichrangig und für befähigt, die göttlichen Gnadengaben in Anpassung an die jeweilige Mentalität und Lebensverhältnisse der Gläubigen ihres kulturell-soziologischen Umkreises (ihres „ethnos", wie der 34. Apostolische Kanon sich ausdrückt[12]) zu verwalten. Bezeugt wurde die Kircheneinheit, indem alle Kirchen auf ihre je eigene Art die nämlichen heiligen Sakramente feierten und sich trotz ihrer Verschiedenheit auf ein und dieselbe Frohbotschaft Jesu Christi bezogen und diese Bezogenheit von den Kirchen wechselseitig anerkannt wurde. Die wechselseitige Anerkennung wurde besonders dadurch bezeugt, dass man zu Besuch am eigenen Ort weilenden Gläubigen aus einer Schwesterkirche die volle Teilnahme am gottesdienstlichen und sakramentalen Leben ermöglichte. So wurde trotz der sprachlichen, ethnischen und kulturellen Verschiedenheiten der Kirchen die Einheit zwischen ihnen von Britannien bis Indien (das heißt: in der gesamten damals bekannten Welt) aufrechterhalten.

Und die Einheit wurde in der Tat aufrechterhalten. Denn gerade in dieser Frühzeit schufen sich die Kirchen die heilige Schrift des Neuen Testaments und erarbeiteten die Grundlagen für jenen neutestamentlichen Bibelkanon, der im We-

11 Zur Verschiedenheit der Taufbekenntnisse vgl. die Abschnitte von H.-J. Vogt zum Stichwort Glaubensbekenntnis in: LThK IV (1995) S. 703–706, sowie P. Hünermann: Kompendium der Glaubensbekenntnisse, Freiburg 1991, S. 21–52.

12 Griechischer Text des Kanons mit lateinischer Übersetzung in: Pont. Comm. per la Redazione del Cod. di Diritto canonico orient., Fonti, fasc. IX: P.-P. Joannou, t. I/2, Le canons des Synodes Particuliers, S. 24.

sentlichen bis in die Gegenwart gilt. Unter den altkirchlichen Schriften fanden sie in einem vom Heiligen Geist geleiteten Miteinander zur Unterscheidung zwischen „kanonischen Texten" und nicht als kanonisch anzuerkennenden Schriften. Das Entstehen dieses Miteinanders ist für uns nicht nachvollziehbar, weil es von keiner allgemein anerkannten kirchlichen Autorität dekretiert und nicht in Urkunden dokumentiert ist. Doch die damals getroffene Auswahl blieb im Großen und Ganzen auf die Dauer gültig.

4) Nach den „Barbareneinfällen", die während der sogenannten germanischen und slawischen Völkerwanderungen das Römische Reich in die Krise stürzten, kam es in Europa zu neuen, von Lateinern bzw. von Griechen getragenen Christianisierungen. Diese begannen damit, dass die römische Kirche 596 den Mönch Augustinus zu den angelsächsischen Einwanderern sandte, die das keltische Britannien erobert hatten, sowie 719 den Mönch Bonifatius nach Germanien, und dass aus der Kirche von Konstantinopel 863 Kyrill und Method nach Mähren und 864 Missionare zu den Bulgaren gingen. Die neuen Missionare, die aus den inzwischen kulturell hoch entwickelten Kirchenzentren der Lateiner oder der Griechen kamen und nicht wie die antiken Missionare in kulturell bedeutende Länder, sondern zu „Barbaren" zogen, gingen auf eine neue Weise vor. Sie verkündeten nicht nur die Botschaft von der Erlösung, sondern gaben mit ihr zugleich auch die kirchlichen und kulturellen Lebensformen weiter, die sich in ihrer Heimat bewährt hatten; sie wurden zu „Entwicklungshelfern" in Belangen des kirchlichen und des bürgerlichen Lebens. Denn in beiden kirchlichen Zentren war man – durchaus zu Recht – überzeugt, dass man den „neuen Völkern" Wertvolles bringe, wenn man sie teil-

haben lasse an dem, was bei ihnen zu Hause erlangt worden war.

Die jungen Kirchen mussten jetzt keine eigene Weise des Christ-Seins mehr ausbilden, wie dies in alter Zeit notwendig war, als in den Kirchen, aus denen die Missionare gekommen waren, die kirchlichen Lebensformen bei weitem noch nicht hinreichend entfaltet waren, um sozusagen als Modell mitgebracht zu werden. Neuerdings konnten die jungen Kirchen das gottesdienstliche, theologische und kirchenrechtliche Erbe ihrer römischen bzw. byzantinischen Mutterkirche übernehmen. De facto verblieben sie sogar in jurisdiktioneller Abhängigkeit von ihr.

Bei dieser Missionsweise entstanden keine Schwesterkirchen mehr mit eigenständigem kirchlichem Leben, vielmehr Tochterkirchen, die größtmögliche Ähnlichkeit mit ihrer Mutterkirche aufwiesen. Gerade diese Ähnlichkeit, die auch der Empirie zugänglich ist, galt und gilt noch heute als Zeichen des Zusammengehörens von Mutterkirche und Tochterkirchen. Bis in die jüngste Gegenwart üben die christlichen Missionen ihre Tätigkeit auf diese Weise aus.[13]

Wie Lateiner und Griechen in Europa begann auch die aramäische (syrische) Christenheit ein beachtenswertes Missionswerk in Mittel- und Ostasien, das allerdings in den euro-

---

13 Auch die viel jüngeren protestantischen Kirchen (und noch viel entschiedener die Neoprotestanten) übernahmen konsequent und kritiklos das Missionsverständnis aus der Zeit nach den Völkerwanderungen. Das II. Vatikanische Konzil zeichnete den Missionaren der Katholiken allerdings im Dekret *Ad gentes* („Über die Missionstätigkeit der Kirche") Art. 22, ein Ziel, das auf eine Wiederaufnahme der altkirchlichen Missionsweise drängt; doch damit es in die Tat umgesetzt wird, dürfte in den Missionen wohl noch viel Erneuerungsbereitschaft notwendig werden.

päischen Geschichtsbüchern wenig verzeichnet ist.[14] Auch sie bediente sich jener Missionsmethode, die Tochterkirchen begründete. Schon im 7. Jahrhundert[15] errichteten die Syrer in China Bistümer und begannen schon damals mit dem Übersetzen der Bibel ins Chinesische. In der Mongolenzeit (ab dem 12. Jahrhundert) drang das syrische Christentum noch weiter nach Inner- und Ostasien vor und vermochte für eine gewisse Zeit, ehe die Mongolen sich für den Islam entschieden, sogar am Hof der Mongolenherrscher Fuß zu fassen.[16] Im 14. Jahrhundert brach aber das kirchliche Leben in den meisten asiatischen Ländern zusammen, weil von den Syrern zu wenig Inkulturation bei den fernen Völkern erstrebt worden war; der syrische Charakter der Missionskirchen war zu konsequent gewahrt geblieben[17] und der Gleichklang des kirch-

---

14 Eine Darstellung des Missionswerks der Syrer bietet E. Tisserant auf den Spalten 159–218 seines umfangreichen Beitrags *L'Église nestorienne*, in: DThC XI, S. 157–323.

15 Im Jahrhundert vor Bonifatius also!

16 Als 1215 das 4. Laterankonzil tagte, hatte es vorher noch keine Kirchenversammlung gegeben, auf der ebenso viele „Bistümer aus Ost und West" vertreten gewesen wären, und die große Zahl führte zur Überzeugung, dass man die *„tota christianitas"* repräsentiere. Doch selbst unter Einschluss der zahlreichen griechischen Diözesen, die damals von Lateinern verwaltet und auf dieser Versammlung vertreten wurden, war nur ein Teil der Christenheit versammelt, denn von Jerusalem bis nach Ostasien erstreckte sich eine syrische Christenheit, die man beim Lateranense nicht berücksichtigte, von deren Existenz damals auch kaum einer etwas wusste. Zwar dachte und redete man von einem christlichen *„orbis terrarum"* und einem „weltweiten Christentum", doch das Denken blieb europazentriert und war weit weg von dem, was man heute „global" nennen würde.

17 Der (verstorbene) Würzburger Missionswissenschaftler B. H. Willeke, der selbst Missionar in China gewesen war, stellte viele Informationen zusammen über das Missionswerk der Syrer in Ostasien und über dessen Ende; vgl. Willeke: Kirche und Gesellschaft im mittelalterlichen

lichen Lebens, der das Zusammengehören der mittel- und ost-
asiatischen Christen mit ihrer syrischen Mutterkirche für die
Empirie verdeutlichte, wurde auch zum Totengeläut für die
Missionskirchen. Nur die südindische Kirche der Thomas-
Christen, die allerdings auf die Zeit vor dem spätantik/mit-
telalterlichen syrischen Missionswerk zurückgeht, konnte bis
in die Neuzeit fortbestehen, weil sich ab dem 16. Jahrhundert
europäische Kolonialmächte dorthin ausbreiteten und das
Christentum schützten. Allerdings verursachten sie auch eine
starke abendländische Überformung der Thomas-Christen.[18]

5) Zur neuen Missionsweise, welche die Gründung von Tochterkirchen erstrebte, war es bei Lateinern und Griechen gekommen, als deren Kirchen im Römerreich Anerkennung als
Staatskirche gefunden und als solche das Empfinden erlangt
hatten, „potenter" zu sein als jene Kirchen, die sich nicht auf
den Kaiser in Neurom (= in Konstantinopel) stützten. Sie
meinten, die christliche Einheit zu fördern, wenn man nicht
nur beim Missionieren in fernen Landen, also beim Begrün-
den von Tochterkirchen, die eigenen Predigt- und Frömmigkeitsweisen hinaus trüge, sondern auch „schwächere Kirchen",
auf die man dank bestimmter historischer Umstände Einfluss nehmen konnte, dazu veranlasste, möglichst viel von
dem zu übernehmen, was bei ihnen, den „stärkeren Kirchen",
üblich geworden war. Mit der Zeit vertrat man immer mehr,
dass weitgehender Gleichklang des kirchlichen Lebens ein si-
cheres und allgemein erkennbares Zeugnis dafür sei, dass
Verbundenheit und Einheit bestehe. Man wollte für die geist-

China, in: Wegzeichen (= Festschrift Biedermann), Würzburg 1971,
S. 263–282.
18 Auch davon berichtet die oben erwähnte Darstellung von Placid Podipara.

liche Einheit zwischen den Kirchen der Welt, die der dreifaltige Gott gewährt, auch einen sichtbaren Ausdruck schaffen, und man meinte, dazu sei weitgehende Ähnlichkeit zwischen ihnen geeignet.

Auf Konzilien, für die sich mit der Zeit die Bezeichnung „ökumenische Konzilien"[19] einbürgerte, suchten vom Bildungswesen im Römerreich geprägte Theologen nach einer

---

19 Zur Wortgeschichte von „ökumenisch" gibt V. Peri im Beitrag „Sul carattere sinodale dell'Unione di Brest", in: Ann. Hist. Conc. 27/28 (1995/96) folgende Erläuterung: Der Ausdruck „oikoumene" ist das Partizipium Passivum des griechischen Wortes „oikein" (= wohnen) und bedeutet zunächst „bewohnt"; schon im 5. Jahrhundert vor Chr. sei das Wort von den Griechen für die „bewohnte Erde" insgesamt verwendet worden, schreibt Peri. Der Anspruch des Römischen Reichs, die gesamte (Kultur-)Welt zu umspannen, führte dazu, dass es auf das Römerreich angewendet wurde. In diesem Sinn wurde der Ausdruck bereits ins NT übernommen: vgl., dass Lukas in Lk 2,1 das Reich, über das Augustus gebot, *„oikoumene"* nannte und schrieb, dass er *die oikoumene* aufzeichnen lassen wollte; wir pflegen zu übersetzen: „alle Welt". Doch ein Befehl des Augustus konnte sich nur auf das römische Reich bezogen haben. Der im Lukasevangelium vorliegenden Wortbedeutung von *„oikumene"* entsprach es, wenn man in späterer Zeit Konzilien, zu denen die Ortskirchen des Römerreichs (NB! das waren bei weitem nicht alle damaligen Kirchen der Welt!) geladen waren, „ökumenische Konzilien" nannte. Dass in der Spätantike mit „Ökumene" ganz allgemein das Römerreich gemeint war, ergibt sich auch aus folgendem Vorgang: Der Konstantinopeler Patriarch Johannes IV. Nesteutes (582–595) beanspruchte den Titel „ökumenischer Patriarch", um als „Patriarch des ganzen Reichs" zu erscheinen. Papst Gregor d. Gr. (590–604) protestierte gegen sein Verlangen auf reichsweite Zuständigkeit und setzte für sich und seine Nachfolger mit Blick auf bestimmte Jesusworte den Titel „servus servorum Dei" dagegen. Nach dem Ende des byzantinischen Reichs, schreibt Peri, wurde „ökumenisch" nur mehr auf die Kirche angewendet, und erst in jüngster Zeit erlangte der Ausdruck jene Bedeutung, die er hat, wenn heutzutage von einer „ökumenischen Bewegung" gesprochen wird.

ihrer Kultur gemäßen Redeweise für das, was vom Erlöser erkannt und über ihn rechtgläubig ausgesagt werden kann. Im Jahr 325 war es zu Nicäa zweifellos notwendig gewesen, gegen Verfälschungen des Evangeliums durch den griechisch gebildeten Arius vorzugehen und im Jahr 451 musste man ebenfalls gegen Verfälschungen durch den griechisch denkenden Eutyches einschreiten. In beiden Fällen studierte man auf den Konzilien die anstehenden Fragen gemäß der (griechischen) Mentalität der Bildungsschicht in den östlichen Teilen des Römerreichs, der sowohl Arius wie auch Eutyches angehörten, und die Konzilsmehrheit schuf Sprachregelungen, die es vermittels bestimmter Begriffe aus der griechischen Philosophie ermöglichten, ohne Verstoß gegen die heilige Wahrheit in gelehrter Rede über die strittigen Themen zu sprechen.

Doch nach den Konzilien beging man im Reichszentrum Konstantinopel den folgenschweren Fehler, dies nur mehr für Kirchen, die sich für die neue Redeweise der Konzilien öffneten, gelten zu lassen, sprich dass sie sich auf ein und dasselbe Evangelium beziehen wie die Reichskirche. Jene Kreise und Ortskirchen hingegen, welche die neuen Sprachregelungen nicht übernahmen, sondern es – aus welchen Gründen auch immer – vorzogen, bei ihrer bisherigen Weise der Glaubensverkündigung zu verbleiben, verurteilte man ohne wirkliche Prüfung der Angelegenheit samt und sonders als arianisch bzw. eutychianisch.[20] In bestimmten Fällen war das Urteil sicher berechtigt, in anderen Fällen aber nicht. Von

20 Als nestorianisch schied man außerdem jene syrischen Christen aus, die nicht im Römerreich (also nicht in der konstantinopolitanisch verstandenen Ökumene), sondern im Perserreich lebten und die Theologie der Konzilien nicht nur nicht übernahmen, sondern fast gar nicht kennen lernten.

einschlägigen Kurzschlussurteilen ließ man sich aber auch durch die Tatsache nicht abhalten, dass das Neue Testament, die Apostel und vor den Konzilien alle Schwesterkirchen rechtgläubig waren, ohne die neuen Ausdrücke gekannt und verwendet zu haben.

Wer beim Reden über den Erlöser aufgrund seiner kulturellen Formung Begriffe der griechischen Philosophie verwenden will, muss sich, um rechtgläubig zu bleiben, der neuen Formeln aus den Konzilsbeschlüssen bedienen. Für ihn hätte Gegnerschaft zu den neuen Ausdrücken von Nicäa oder von Chalkedon in der Tat Arianismus bzw. Eutychianismus und Abkehr von der Wahrheit des Evangeliums bedeutet. Doch in der Reichskirche ging man nach den ökumenischen Konzilien von einer Ausschließlichkeit der eigenen Theologie und Kultur aus; man rechnete ganz einfach nicht damit, dass anderswo der Glaubenspredigt ein anderes als das Denken der reichskirchlichen Oberschicht zugrunde liegen könnte. Folglich meinte man, dass die Nicht-Übernahme der Begrifflichkeit der Konzilien überall denselben Verstoß gegen die heilige Wahrheit anzeige, den sie im Reichszentrum bedeutete. Anstatt ernsthaft zu fragen, was jene Kirchen wirklich vertraten, die sich der konziliären Auflage neuer Formulierungen widersetzten, schloss man sie einfach als Häretiker von der Kirchengemeinschaft aus.[21]

21 Bezüglich der vorgeblichen Eutychianer unternahm man die damals unterlassene Überprüfung endlich in der 2. Hälfte des 20. Jahrhunderts und fand, dass die erhobenen Anschuldigungen gegenüber den vorchalkedonensischen Kirchen unbegründet sind. Für diese Prüfung vgl. die Publikation der von der Wiener Stiftung Pro Oriente veranstalteten inoffiziellen theologischen Konsultationen mit Theologen dieser Kirchen: Non-official Ecumenical Consultations between Theologians of the Oriental Orthodox Churches and the Roman Catholic Church, Beihefte 1, 2, 3 und 4 zur Zeitschrift Wort und Wahrheit,

Wegen des reichskirchlichen Versuchs, die Einheit der Kirchen durch Suche nach empirisch feststellbarer Übereinstimmung in der Theologie zu verdeutlichen und die altkirchliche Vielfalt der Glaubenspredigt durch eine allgemeingültige Lehrweise zu beschränken, kam es zu Spaltungen. Denn nur mehr mit Kirchen und Theologen, die sich zu denselben Denkstrukturen wie die Konzilsväter von Nicäa und Chalkedon bekannten und sich bezüglich wichtiger christologischer Themen zur Predigtweise der Konzilien verpflichteten, verblieb man in Kirchengemeinschaft. Die durch empirische Prüfung nicht kontrollierbare Vielgestalt, die der Heilige Geist in frühkirchlicher Zeit beim Erkennen und Bekennen der göttlichen Dinge zur Bereicherung der gesamtkirchlichen Einsicht ermöglicht hatte (und die – wie oben gezeigt war – das II. Vatikanische Konzil ausdrücklich wieder aufleben lassen wollte), wurde von der Staatskirche Schritt für Schritt ausgeschlossen. Man erstrebte wachsende Einheitlichkeit.

Anders als jene Einheit des Einander-Anerkennens beim Verkünden der heiligen Wahrheit, die der Heilige Geist einst den Kirchen trotz ihrer je eigenständigen Predigtweisen gewährt hatte und die als Gnadengabe des Heiligen Geistes nur vom Glauben zu erfassen war, ist Einheitlichkeit der theologischen

Wien 1972, 1974, 1976 und 1979. Etwas später wurden auch offizielle theologische Dialoge geführt zwischen Vorchalkedonensern und Chalkedonensern; sie sind dokumentiert in: Orthodoxie im Dialog. Bilaterale Dialoge der orthodoxen und der orientalisch-orthodoxen Kirchen 1945–1997, Trier 1999. Vgl. auch Suttner: Der christologische Konsens mit den Nicht-Chalkedonensern, in: OstkStud. 41(1992) S. 3–22; ders.: Vorchalcedonische und chalcedonische Christologie: die eine Wahrheit in unterschiedlicher Begrifflichkeit, in: Una Sancta 57 (2002) S. 6–15. Eine ähnliche Untersuchung zu den sogenannten Arianern wurde auch im 20. Jahrhundert nicht durchgeführt, da es entsprechende Kirchen schon seit Jahrhunderten nicht mehr gibt.

Redeweise empirisch nachweisbar. Weil sich die Reichskirche also auf den großen Konzilien für ein bestimmtes Maß empirisch erfahrbarer Einheitlichkeit in der Theologie entschied, jene alten Kirchen aber, die unsere Konfessionskunde *altorientalisch* oder *orientalisch-orthodox* oder auch *vorchalkedonensisch* nennt, es hingegen ablehnten, ihr zu folgen, gerieten diese Kirchen ins Abseits. In ihnen änderte sich geistlich und beim theologischen Lehren nichts; dennoch gelten sie seit über anderthalb Jahrtausenden für *draußenstehend*.[22]

Das Urteil, diese Kirchen stünden draußen und seien schismatisch, brachte es mit sich, dass deren Gläubige von der Reichskirche nicht mehr zum sakramentalen Leben zugelassen wurden; dies bedeutete aber nicht, dass bei ihnen keinerlei Kirche-Sein mehr anerkannt worden wäre. Ehe nämlich der Islam den Vorderen Orient überrannte, hatte sich Ostrom noch einmal hart mit den Persern auseinander zu setzen. Im Gefolge zeitweiliger militärischer Erfolge der byzantinischen Heere wandte sich auch die byzantinische Staatskirche ostwärts. Dabei hielt sie zwar die altorientalischen Kirchen für von sich durch ein gravierendes Schisma getrennt wegen des empirisch erkennbaren Umstandes, dass sie sich der auf den ökumenischen Konzilien erarbeiteten katechetischen Formeln nicht bedienten; jedoch verspürte sie weiterhin soviel Affinität zu ihnen, dass sie mit ihnen sofort die Communio wieder aufnehmen

22 Nach Aussage des II. Vatikanischen Konzils in „*Unitatis redintegratio*", Art. 14, beruhen die Schismen zu diesen Kirchen hauptsächlich auf „*Mangel an Verständnis und Liebe füreinander*". Vielleicht sollte man allerdings vermerken, dass es im Lauf der nachfolgenden Streitigkeiten in einzelnen Fällen zu einer gewissen „Jetzt-erst-recht-Haltung" kam, und dass in den verurteilten Kirchen ein trotziges Festhalten am Herkommen schließlich doch einen gewissen geistlichen Wandel mit sich gebracht haben kann.

wollte, wenn sie sich nur entschlössen, die Konzilsentscheide doch zu übernehmen. In mehreren Fällen wurde mit kaiserlicher Hilfe sogar versucht, eine solche Übernahme zu erzwingen.[23] Man darf zusammenfassen: Nach reichskirchlichem Urteil fehlte den altorientalischen Gemeinschaften zwar die (empirisch erkennbare) Zustimmung zur theologischen Sprechweise der ökumenischen Konzilien; die viel wichtigeren (und allein vom Glauben erkennbaren) geistlichen Gaben, die geschenkt sein müssen, damit eine Gemeinschaft Kirche Gottes sein kann, wurden ihnen hingegen nicht abgesprochen.

Dass sich die Staatskirche so verhielt, erwies sich besonders, als 590 unter Kaiser Maurikios den Armeniern, die in den von Byzanz rückeroberten Gebieten Anatoliens lebten, ein auf das Konzil von Chalkedon verpflichteter Katholikos gegeben wurde – ein Gegenkatholikos zum Katholikos der armenischen Mehrheit, die unter den Persern verblieben war. Regelrecht das wurde geschaffen, was wir heutzutage eine *„unierte Kirche"* nennen. Diese blieb allerdings eine „Eintagsfliege" und verschwand schnell wieder, als bald darauf die Perser erneut vorstießen und kurzerhand die Existenz des mit der Reichskirche unierten armenischen Katholikosats beendeten. Doch trotz der Kurzlebigkeit verlangt das Geschehen Aufmerksamkeit, denn es verdeutlicht, dass für die Reichskirche die Mauer zwischen sich und den altorientalischen Gemeinschaften nur in dem bestand, was empirisch aufweisbar ist: Im Fehlen der einheitlichen Redeweise zur Christologie, während die Reichskirche die anderen (allein vom Glauben erkennbaren) Gaben, die es für das Kir-

---

23 Für diese Vorkommnisse vgl. den Abschnitt „Herrscher auf der Suche" bei Suttner: Die Christenheit aus Ost und West auf der Suche nach dem sichtbaren Ausdruck für ihre Einheit, Würzburg 1999, S. 42 ff. Dort werden mehrere Fakten im Einzelnen benannt und auch auf Quellen über sie wird verwiesen.

che-Sein braucht, diesseits und jenseits der Trennmauer für gleichermaßen gegeben anerkannte. Es ist also zu konstatieren, dass die von der Reichskirche sehr wichtig genommene Mauer zwischen sich und den altorientalischen Kirchen nur vor dem menschlichen Denken Bedeutung besaß; vor Gott hingegen, der auf beiden Seiten der Mauer die nämlichen Gnaden gewährte, bedeutete sie nichts.

6) Nachdem man auch im Westen Europas begonnen hatte, Römerkaiser einzusetzen, wurden alte Verschiedenheiten und Rivalitäten zwischen Griechen und Lateinern weiter forciert. Dabei meldeten sich auch kirchliche Spannungen innerhalb der griechisch-lateinischen Reichskirche an und wurden durch die politischen und soziologischen Spannungen weiter verhärtet. Für das zwiespältige Urteil, das man damals im Abendland den Griechen gegenüber hegte, darf auf Bernhard von Clairvaux (1090–1153) verwiesen werden, der festgestellt hatte, dass die Griechen *„mit uns sind und nicht mit uns sind, im Glauben (mit uns) vereint, im Frieden (von uns) getrennt, obgleich sie auch im Glauben von den rechten Wegen wegstolperten."*[24] Dieses Urteil unterschied sich damals wenig von der bei den Griechen verbreiteten Meinung über die Lateiner. Abgesehen von den Fragen, ob im Symbolum das *filioque* und ob das ungesäuerte Brot bei der Eucharistie legitim seien, ging es zwischen Lateinern und Griechen hauptsächlich um Probleme der Kirchenordnung. Denn die römischen Bischöfe, die sich von jeher auf petrinische Vorzüge beriefen, hatten zur Jahrtausendwende im gesamten lateinischen Wes-

---

24 *"Ego addo de pertinacia Graecorum, qui nobiscum sunt et nobiscum non sunt, iuncti fide, pace divisi, quamquam et in fide claudicaverint a semitis rectis."* (Zitat nach G. Avvakumov: Die Entstehung des Unionsgedankens, Berlin 2002, S. 246).

ten Anerkennung als alleinige Ersthierarchen erlangt, während sich bei den Griechen vier Patriarchate durchgesetzt hatten und bei ihnen das Regiment eines einheitlichen Erstbischofs für fragwürdig galt.

Hatte die griechische Welt unter Berufung auf die ökumenischen Konzilien darauf bestanden, dass Einheitlichkeit der christologischen Termini das empirisch feststellbare Zeichen für die Kircheneinheit abgebe, drängten im zweiten Jahrtausend die Lateiner ebenfalls auf einen empirisch erkennbaren Ausdruck für die Einheit. Sie verliehen den Vorzügen des Römischen Stuhls als petrinischem Sitz laufend mehr Nachdruck und entwickelten die Vorstellung, dass die Kirche erst dann in der gebührenden Weise eins sei, wenn jene Ordnung bestehe, die sie für die rechte hielten, und wenn diese auch empirisch erkennbar sei; mit anderen Worten: Wenn alle Ortskirchen den Nachfolger Petri als das Oberhaupt der Gesamtkirche anerkennen.

Als die Lateiner nach der Jahrtausendwende nach Osten expandierten, urteilten sie, dass in den eroberten Landen die Kirchen, die dem Nachfolger Petri noch nicht in einem klar umschriebenen Rechtsverhältnis unterstanden, durch ein Schisma von der lateinischen Kirche getrennt seien, und sie hielten es für ihre Pflicht, diese Kirchen – notfalls mit Zwang – zur rechten Ordnung (d. h. zur Unterstellung unter den Papst) zu veranlassen.[25] Doch auch sie bezweifelten nicht, dass den Kirchengemeinschaften, die sie wegen des Fehlens der rechtlichen Zuordnung zum Papst (= wegen des Fehlens des von ihnen für notwendig erachteten sichtbaren Zeichens für die Kircheneinheit) als Schismatiker verurteilten, hinreichend viele geistliche Gaben gewährt seien, dass sie mit ih-

---

25 Der Abschnitt „Herrscher auf der Suche" in der eben benannten Publikation über die Suche der Christen nach dem sichtbaren Ausdruck für ihre Einheit behandelt dies ebenfalls.

nen unverzüglich die Communio aufnehmen könnten, sobald diese die Autorität des Papstes anerkannten.

Als sich im 11. Jahrhundert die Normannen in Süditalien festsetzten, ordneten sie sich in manchen Fällen den dortigen griechischen Bischöfen unter, nachdem diese dem Papst gegenüber Loyalität erklärt hatten. Andernorts unterstellten sie einheimische griechische Kirchen und deren Klerus ihren lateinischen Bischöfen. Weil damit eine gemeinsame Kirchenleitung erlangt und diese jetzt auch empirisch feststellbar geworden war, galt ihnen außer der staatlichen Einheit, die aus der Eroberung erwachsen war, sofort auch die Kircheneinheit mit den Griechen[26] im Land als erreicht.[27]

26 Die lateinische Bezeichnung „graeci", zu Deutsch: „Griechen" (auf Griechisch sagte man ehedem „hellines" = „Hellenen") wurde im Altertum und wird auch heute in der Regel nur auf die Sprecher des Griechischen bezogen. Über mehrere Jahrhunderte hinweg war jedoch nicht die Muttersprache das Erkennungsmerkmal für die „graeci"; man bezog diese Bezeichnung nämlich lange Zeit auf alle Menschen, die der griechischen (byzantinischen) Kirchentradition anhingen. Für die Zeit von der Expansion der Lateiner bis weit ins 18. Jahrhundert hinein, manchmal sogar noch im 19. und 20. Jahrhundert, folgen die Quellen für die Geschehnisse, mit denen wir uns befassen, diesem Sprachgebrauch. In ihnen werden Menschen Griechen genannt, von denen wir heute zu sagen pflegen, sie seien Slawen, Rumänen, Albaner, Ungarn, Araber, Georgier usw. gewesen. In unseren nachfolgenden Ausführungen übernehmen wir den Sprachgebrauch der Quellen und beziehen daher die Bezeichnung Griechen auch auf Menschen, die sich vielleicht nie im Leben der griechischen Sprache bedienten. Vergleichbares gilt bekanntlich auch von den Lateinern, die im Alltag keineswegs Latein, sondern vielerlei andere Sprachen verwendeten und auf Latein nur Gottesdienst feierten und ihre Bücher verfassten. Zur Vermeidung von Missverständnissen mögen die Leser dies bei der Lektüre der nachfolgenden Abschnitte bitte beachten.

27 Vgl. Suttner: Kircheneinheit im 11. bis 13. Jahrhundert durch einen gemeinsamen Patriarchen und gemeinsame Bischöfe für Griechen und

Ebenso handelten die Kreuzfahrer. Im Jahr 1071 hatte Ostrom bei Mantzikert (im Osten der heutigen Türkei) eine erste große Niederlage gegen die Seldschuken erlitten. Die Bedrohung durch sie wuchs und wuchs, und in der Bedrängnis sandte der oströmische Kaiser einen Hilferuf in den Westen. Der Kreuzzug, zu dem Westeuropas Ritterschaft sich im Frühjahr 1097 in Konstantinopel versammelte, war die Antwort der westlichen Welt auf den Hilferuf aus der östlichen Christenheit. Doch dort hatte man auf freiwillige Kämpfer für den Kaiser und das Reich gehofft. Die Lateiner, die kamen, erwiesen sich aber recht bald als Invasoren, die gewillt waren, für sich selbst Eroberungen zu machen und eigene Staaten zu gründen.[28]

Nachdem die Kreuzfahrer 1098 Antiochien erobert hatten, unterstellten sie sich kirchlich fürs Erste dem dortigen Patriarchen Johannes IV. Zu Beginn der Lateinerherrschaft war dieser auf dem ganzen Gebiet des Patriarchats von Antiochien Kirchenführer für die Griechen und für die Kreuzfahrer.[29] Sobald jedoch Bischofssitze vakant wurden – sei es, weil ein Bischof verstarb oder das Land verließ, wobei die Kreuzfahrer möglicherweise auch „nachgeholfen" hatten, oder weil die Kreuzfahrer ein neues Bistum gründeten – sorgte der Kreuzfahrerfürst für die Ernennung neuer Bischöfe und zog dabei Priester vor, die mit ihm aus dem Abendland gekommen waren, weil dies die Lateinerherrschaft stützte.

Lateiner, in: Rappert (Hg.): Kirche in einer zueinander rückenden Welt, Würzburg 2003, S. 327–338.

28 Die Geschehnisse sind kurz zusammengefasst bei F. Kempf: Papsttum, heilige Kriege und erster Kreuzzug, in: H. Jedin: Handbuch der Kirchengeschichte Bd. III/1, Freiburg 1973, besonders auf S. 509–515.

29 Vgl. C. Karalevskij, Antioche, in: DHGE III, S. 563–703, besonders die Abschnitte IX und X, Spalte 613–635.

Die neuen Bischöfe wurden, obwohl sie Lateiner waren, in ihrer Diözese (ebenso wie anfangs der Patriarch im gesamten Patriarchat) für die Griechen und für die Kreuzfahrer zuständig, und sie wurden zusammen mit den bisherigen griechischen Bischöfen Mitglieder der Synode des antiochenischen Patriarchats. Schon bei einer bald anstehenden Patriarchenwahl waren sie stark genug, um einen Lateiner auf den Sitz zu erheben.[30] Weil die Kreuzfahrer also bei Patriarchen- und Bischofswahlen Ausländer über die Griechen setzten, erwuchs Unzufriedenheit. In Jerusalem verfuhren die Kreuzfahrer ebenso, nachdem die Stadt 1099 erobert worden war. Den Höhepunkt erreichten die Leiden der Griechen, als die Kreuzfahrer 1204 auch Konstantinopel eroberten und dort dasselbe erstrebten.

Die expandierenden mittelalterlichen Lateiner waren überzeugt, der Papst müsse nicht nur bei ihnen zu Hause, sondern überall in der Welt die Letztverantwortung für den Wohlbestand des kirchlichen Lebens tragen. Ihr Wissen um die Kirchengeschichte reichte nicht aus, als dass sie sich der tatsächlichen Vorgänge beim Entstehen jener regional eigenständigen Kirchen in alter Zeit hätten bewusst werden können, von dem oben (in den Darlegungen zum frühkirchlichen Missionswerk) die Rede war und welches das II. Vatikanische Konzil ein Geschenk Gottes an die Kirche nennt.[31] Vielmehr meinten sie, dass auch die östlichen Pat-

---

30 Dies war keineswegs die Errichtung eines „lateinischen Patriarchats", wie manche Autoren schreiben, wie auch in unserer Zeit die Wahl eines polnischen und dann eines bayrischen Kardinals zum Papst keine Errichtung eines polnischen bzw. bayrischen Papats war. Der Lateiner wurde in Antiochien schlechterdings der Nachfolger jenes Griechen, der vor ihm das Patriarchat geführt hatte.

31 Vgl. das dortige Zitat aus *Lumen gentium*, Art. 23, das anhebt mit den Worten: „*divina providentia factum est*".

riarchen Beauftragte des Papstes sein müssten und daher von ihm das Pallium zu erbitten hätten.

Denn das Pallium, das bei den Lateinern vom Erzbischof innerhalb seiner Metropolie zur festlichen Eucharistiefeier und bei Weihehandlungen getragen wird, ist von alters her in der abendländischen Kirche in Gebrauch als ein Zeichen für Teilhabe an der oberbischöflichen Verantwortung und Autorität des Römischen Stuhls. Es zeigt an, dass sein Träger neben den bischöflichen Vollmachten in seinem eigenen Bistum *als Delegierter des römischen Bischofs* in anderen Bistümern bestimmte weitere Aufgaben wahrzunehmen hat und es war im Abendland Sitte, dass der Papst jenen Bischöfen, die als regionale kirchliche Autoritätsträger tätig sein sollten, das Pallium verlieh. Die Verleihung signalisierte, dass dem Würdenträger, der es empfing, *als Beauftragtem des Bischofs von Rom und als Teilhaber an dessen besonderen Vollmachten* über die eigene Diözese hinaus Verantwortung zukommt.

So hielten es denn die Lateiner, als sie in der Kreuzfahrerzeit ihre Herrschaft weit in den Osten ausdehnten, für angebracht, auch die dortigen Patriarchen zu verpflichten, in Rom das Pallium zu erbitten und sich dadurch vom römischen Bischof zum Ausüben ihrer regionalen Autorität ermächtigen zu lassen. W. de Vries schreibt:

„Die lateinischen Patriarchen des Ostens mussten von vornherein vom Papst das Pallium erbitten. Der lateinische Patriarch von Antiochien Raoul benützte im Jahre 1136 den Streit zwischen Innozenz II. und seinem Rivalen Anaklet dazu, sich das Pallium selbst zu verleihen. Er nahm es einfach vom Altar seiner Kathedrale, musste aber später auf das so angemaßte Pallium verzichten und es doch vom Papst erbitten", und de Vries fährt fort: *„Innozenz III. war der Auffassung, dass auch die orientalischen Patriarchen ohne das Pallium ihr Amt nicht regulär aus-*

35

üben könnten. Das betont er in einem Brief vom 7. Februar 1204 an die Führer des Kreuzfahrerheeres in Konstantinopel, die er ermahnt, den griechischen Patriarchen dazu zu bewegen, dass er den Papst anerkenne und um das Pallium bitte".[32]

Im Anschluss daran vermerkt de Vries, dass Bonifaz VIII. (1294–1303) sogar die Meinung vertrat, die Römische Kirche habe die Patriarchate von Konstantinopel, Alexandrien, Antiochien und Jerusalem eingerichtet. Doch geschichtliche Wahrheit ist es, dass sich drei Kirchen, nämlich jene von Rom, von Alexandrien und von Antiochien, bereits in der Zeit der frühchristlichen Mission als regional wirksame Kirchen erwiesen hatten. Dass Jerusalem trotz seiner Wichtigkeit diesen Rang damals nicht erlangte, ist dadurch bedingt, dass Kaiser Hadrian nach dem Aufstand des Bar Kochba (132–135) Jerusalem zerstörte und dort eine hellenistische Stadt anlegte, die er zu Ehren der Götter Roms Aelia Capitolina nannte. Juden war es verboten, dort zu siedeln, und das vorläufige Ende der Stadt Jerusalem bedeutete auch den Niedergang der judenchristlichen Urgemeinde von Jerusalem. Daher kannte das Konzil von Nicäa (325), in dessen Akten wir die älteste Auflistung der bestehenden Oberzentren finden, nur Rom, Alexandrien und Antiochien als oberste Führungszentren in der Kirche. Erst Kaiser Konstantin gab der Stadt Aelia Capitolina den Namen Jerusalem zurück und trug Mitsorge für würdige christliche Gotteshäuser an den heiligen Stätten. Beim Konzil der *in Konstantinopel versammelten 150 heiligen Väter* (381) wurde für den Bischofssitz des neuen Rom (= der Kaiserstadt am Bosporus) dieselbe Würde gewünscht, wie sie der Bischof des alten Rom besaß. Dem stimmte das Konzil von Chalkedon (451) zu und reihte außer-

---

32 W. de Vries: Rom und die Patriarchate des Ostens, Freiburg 1963, S. 250.

dem Jerusalem als fünften Sitz in die Liste der hervorragenden Stühle ein.[33] Zuvor war auf dem Konzil von Ephesus (431) der Kirche von Zypern ebenfalls Eigenständigkeit zugesprochen worden, doch ihr Erstbischof erlangte nicht die Titulatur eines Patriarchen.

Die Kreuzfahrer waren der Überzeugung, dass eine weltweite Autoritätsausübung durch den römischen Papst und deren allgemeine Anerkennung überall in der Welt das sichere und empirisch erkennbare Merkmal der Kircheneinheit sei und dass sich die patriarchale Autorität auch der östlichen Patriarchen aus einer Delegation durch den römischen Bischof herleite.[34]

7) Gut ein Jahrzehnt nach der Eroberung Konstantinopels durch die Lateiner von 1204 tagte 1215 das vierte Laterankonzil (= eins von jenen Konzilien, die nur von den Lateinern, jedoch nicht von den Griechen unter die ökumenischen Konzilien gezählt werden). Es bewertete das Gewicht und die Bedeutung der empirisch nachweisbaren Kirchenführung durch den Papst ebenso wie die Normannen und die Kreuzfahrer. Dieses (von den Katholiken für ökumenisch einge-

---

33 Vgl. Suttner: Das Patriarchat von Jerusalem, in: ders.: Kirche und Nationen, Würzburg 1997, S. 517–535.

34 Für Patriarchen in den mit Rom unierten östlichen Kirchen blieb es nach der Kreuzfahrerzeit noch lange bei der Festlegung, dass sie in Rom um das Pallium nachzusuchen hatten und dass sie erst dann patriarchale Akte setzen durften, wenn ihnen dieses verliehen war. Erst nachdem das II. Vatikanische Konzil im Dekret *Orientalium Ecclesiarum*, Art. 9, bestimmt hatte, *„dass die Rechte und Privilegien (der Patriarchen) nach den alten Traditionen einer jeden Kirche und nach den Beschlüssen der Ökumenischen Konzilien wiederhergestellt werden sollen,"* wurde für sie die Verpflichtung, vom Papst das Pallium zu erbitten, nicht mehr in den CCEO aufgenommen.

schätzte) Konzil hielt die Kircheneinigung mit den Griechen dann für rechtens herbeigeführt, wenn bei den bisherigen Schismatikern die Zustimmung zu den weltweiten Vollmachten des römischen Bischofs durchgesetzt werde; weitere Bedingungen setzte das Lateranense nicht. Die Einheit, meinte das 4. Laterankonzil, sei daher erlangt, wenn überall in der Welt die Kirchen von Lateinern geleitet werden und die griechischen Würdenträger ihnen unterstehen. In Kap. 4 verfügte es:

„Da in sehr vielen Gegenden Völker bunt gemischt innerhalb derselben Stadt und Diözese leben, die zwar denselben Glauben, aber verschiedene Riten und Lebensgewohnheiten haben[35]*, erlassen wir folgende Vorschrift: die Bischöfe solcher Städte oder Diözesen ernennen geeignete Männer, die für diese Leute in den verschiedenen Riten und Sprachen Gottesdienst feiern, ihnen die kirchlichen Sakramente darreichen und sie durch Wort wie auch durch Beispiel unterweisen. Wir verbieten aber ohne Ausnahme, dass ein und dieselbe Stadt oder Diözese verschiedene Bischöfe hat. Sie wäre wie ein Leib mit mehreren Köpfen, gleichsam eine Missgeburt. Sollte es aber aus den genannten Gründen zwingend notwendig sein, so setzt der Ortsbischof für die genannten Aufgaben klug und umsichtig einen katholischen Vorsteher*[36]

35 Ausdrücklich spricht das Konzil *von demselben Glauben bei verschiedenen Riten und Lebensgewohnheiten* der Lateiner und der Orientalen. Unsicherheiten hinsichtlich der Rechtgläubigkeit der Griechen, wie sie bereits im obigen Zitat aus Bernhard von Clairvaux zutage traten, waren offenbar 1215 noch individuelle Auffassungen bestimmter Theologen der Lateiner; der Konzilstext nimmt davon keine Kenntnis.

36 Der Vermerk, dass der Stellvertreter ein *katholischer Vorsteher* sein müsse, verursachte Fehldeutungen dieses Konzilsbeschlusses bei Autoren, die übersehen, dass die Bezeichnung *katholisch* zur Zeit des 4. Laterankonzils noch kein Konfessionsname war, sondern im Sprachgebrauch der Zeit ebenso wie im *Nicaeno-Constantinopolita-*

entsprechender Nationalität als seinen Stellvertreter ein, der ihm als Untergebener in allem zu Gehorsam verpflichtet ist."[37]
In transmarinen Kolonien der italienischen Stadtrepubliken erlangte die Regel des Lateranense lange währende Bedeutung und wurde sogar zum Fundament der dortigen staatskirchenrechtlichen Bestimmungen bezüglich der öffentlichen Rechte der griechischen und der lateinischen Kirche und ihres Nebeneinanders; in der Republik Venedig blieb sie wirksam bis zum Untergang der Republik in napoleonischer Zeit.[38] Angelo Maria Quirini, der 1723 bis 1727 lateinischer Erzbischof auf der (von Venedig beherrschten) Insel Korfu war, beschrieb in einem Brief vom Januar 1725 an Papst Benedikt XIII., wie ihn die Griechen Korfus ehrten als den Inhaber der kirchlichen Jurisdiktion über sie – und dies geschah nur sehr kurze Zeit vor dem strikten Verbot von *communicatio in sacris* zwischen den mit dem Papst verbundenen Christen und „Häretikern und Schismatikern", das die römische *Congre-*

num ausschließlich eine Eigenschaft der Kirche Christi zum Ausdruck brachte. Wer keinem separatistischen Konventikel angehörte, sondern am Zusammengehören aller Kirchen festhielt (einerlei ob er der lateinischen, der griechischen oder einer anderen kirchlichen Tradition zugehörte), wurde *katholisch* genannt. Erst viel später kam es dazu, dass man die Bezeichnung *katholisch* nur mehr verwendet, wenn von Christen die Rede sein soll, die zur Kirche des römischen Papstes gehören. Was immer man auch heute unter dem Begriff einer *Union zwischen Griechen und Lateinern* verstehen mag, die Bedingungen des Lateranense für eine Union zwischen ihnen waren überall erreicht, wo die Kreuzfahrer herrschten, denn in jedem ihrer Herrschaftsgebiete war ein Lateiner oberster Kirchenführer.

37   Zitat nach J. Wohlmuth (Hg.): Dekrete der ökumenischen Konzilien, Bd. II, Paderborn 2000, S. 239.

38   Hierzu vgl. Suttner: Staaten und Kirchen in der Völkerwelt des östlichen Europa, Fribourg 2007, S. 23–25.

gatio de Propaganda Fide 1729 erließ und von dem in dieser Abhandlung noch ausführlich die Rede sein wird.[39]

8) Außer in transmarinen Kolonien der italienischen Stadtstaaten erloschen mit dem Ende der Kreuzfahrerherrschaft auch die Unionen der expandierenden Lateiner mit den Griechen. Bei manchen Theologen und Kirchenführern bestärkte dies die Vermutung, die kirchlichen Spannungen mögen tiefere Gründe gehabt haben als das, was Normannen und Kreuzfahrer bei der Vereinigung bereinigten; diese könnten eventuell davon verursacht sein, dass eine der beiden Seiten gegen die heilige Wahrheit verstoße. Eine Periode lebhafter Studien begann, in der die einen nachweisen wollten, dass das Gewicht der Verschiedenheiten groß genug sei, um die Einheit strikt zu verbieten; andere wollten hingegen aufzeigen, dass die Verschiedenheiten im Rahmen der Glaubenstradition nebeneinander bestehen dürfen.[40] Zur Überprüfung der Angelegenheit wurde 1438/39 das Konzil von Ferrara/Florenz gefeiert.

Als lateinische und griechische Bischöfe 1438 zu diesem Konzil zusammentraten, waren sie überzeugt, dass zwischen ihren Kirchen ein Schisma bestehe; ausdrücklich war ihnen dessen Bereinigung sogar zur Aufgabe gestellt. Doch wer damals von *Schisma* sprach, verstand unter diesem Begriff nur eine be-

---

39 Angelo Maria Quirini wurde 1727 von Korfu auf den Sitz von Brescia transferiert und zum Kardinal erhoben. Im vollen Text ist sein Brief zu finden in: Sacra Congregazione per la Chiesa Orientale, Verbali delle conferenze patriarcali sullo stato delle Chiese Orientali, Vatikan 1945, S. 581–584.

40 Für die Studien auf griechischer Seite vgl. H. G. Beck: Kirche und theologische Literatur im byzantinischen Reich, München 1959, S. 663 ff., für die Studien der Lateiner G. Avvakumov: Die Entstehung des Unionsgedankens, Berlin 2002.

dingte Trennung. Denn beide Seiten gingen davon aus, dass die Hierarchen der einen und der anderen Seite miteinander den Episkopat der einen Kirche Gottes darstellen und miteinander den Auftrag haben, die Glaubenslehre und die Glaubenspraxis beider Seiten zu überprüfen. Dies ist bedeutsam bei einem Vergleich zwischen dem Florentinum und dem II. Vatikanischen Konzil.[41] Denn beim Vaticanum hielten Griechen und Lateiner kein gemeinsames Handeln als Konzilsväter für möglich. Sie betrachteten es nicht mehr als eine zu überprüfende Frage, ob die unterschiedlichen Erkenntnis- und Frömmigkeitsentwürfe beider Seiten Glaubensunterschiede seien, sondern hielten dies für eine feste Tatsache; sie meinten, dass orthodoxe Bischöfe und Theologen kein gemeinsames Konzil mit Katholiken feiern könnten, vielmehr an einem vom Papst einberufenen Konzil nur als Beobachter teilnehmen dürften.[42]

Sowohl 1438 als auch 1962 nannte man die bestehende Trennung Schisma, doch was man unter diesem Begriff verstand, ist von unterschiedlichem Gewicht. Das Schisma, welches 1438 zwischen Griechen und Lateinern vorlag und ein gemeinsames Konzil erlaubte, kann nicht jenes Schisma gewesen sein, das man 1962 zwischen Katholiken und Orthodoxen für bestehend hielt und um dessentwillen man ein

---

41 Die Älteren unter unseren Zeitgenossen mögen sich an die Erwartungen erinnern, die es zunächst nach der Konzilsankündigung durch Papst Johannes XXIII. gegeben hatte, dass sich auf diesem Konzil Kirchenführer aus verschiedenen Konfessionen begegnen und die Kircheneinheit beschließen werden – und an die Enttäuschung, die recht bald ausbrach, weil sich ergab, dass dies nicht geschehen werde.

42 Dass bestimmte katholische Teilnehmer am Vaticanum sich von orthodoxen Beobachtern beraten ließen, sodass diese indirekt sogar recht großen Einfluss auf manche Konzilsbeschlüsse erlangten, änderte nichts daran, dass sie keine Konzilsväter sein durften.

gemeinsames Konzil als unmöglich einschätzte.[43] Die Florentiner Väter schrieben in der Einleitung ihres Konzilsbeschlusses vom 6. Juli 1439 auch ausdrücklich nieder, dass sie überzeugt waren, beide Seiten wären auch während des Schismas miteinander die eine, allerdings zerstrittene Kirche Christi gewesen, denn sie riefen die Mutter Kirche zur Freude auf, weil die Mauer, welche sie bisher auseinander riss, beseitigt wurde, so dass Friede und Eintracht in sie zurückkehrten.

Zu den Themen, die man dem Konzil von Ferrara/Florenz vorlegte[44], gehörte, ob die Kircheneinheit den Gleichlaut der katechetischen Lehrformeln (= das filioque-Problem) und das uneingeschränkte Amtieren einer gemeinsamen Kirchenleitung (= die Frage nach dem Umfang des römischen Primats) verlange.

Weitaus die meiste Zeit der Konzilsberatung wurde dem *filioque*-Problem gewidmet. Lange mühten sich beide Seiten, die jeweils andere Seite zur eigenen Glaubensformel herüberzuführen. Doch dies erwies sich als aussichtslos, denn beide

43 Wie unten darzulegen sein wird, distanzierten sich die Väter des Vaticanums im Lauf ihrer Beratungen zur Ekklesiologie von jener Auffassung vom Schisma, die 1962 ein gemeinsames Konzil mit den Bischöfen der Griechen unmöglich hatte erscheinen lassen, indem sie auch die orthodoxen Gemeinschaften als Kirche Christi anerkannten. Doch hätte es, damit der Ausschluss der Griechen vom Konzil hätte rückgängig gemacht werden können, einerseits bei den Lateinern deutlicherer Worte als diejenigen bedurft, die vom Konzil erklärt wurden und auch auf griechischer Seite wäre eine zustimmende Aussage zur Änderung der Auffassungen nötig gewesen, die es weit und breit nicht gab. Es bleibt zu hoffen, dass man bei künftigen großen Konzilien zur Haltung des Florentinums zurückfinden werde.

44 Dem Konzil waren vier Fragen gestellt: 1. die Angelegenheit des *filioque*; 2. eine Lehrfrage bezüglich des Purgatoriums; 3. die Azymenfrage; 4. die Frage nach dem Primat des Papstes.

Seiten waren fest überzeugt, die eigene Glaubensformel als rechten Ausdruck für den heiligen Glauben betrachten zu dürfen, und weder die einen noch die anderen waren zum Abrücken von ihrer seit der Väterzeit üblichen Formel zu bewegen. Überhaupt aussichtslos wäre es gewesen, eine Formel zu suchen, die mit den Lateinern das Beteiligt-Sein des Logos am Ausgang des Heiligen Geistes ausdrücklich ausgesagt und es zugleich mit den Griechen mit Schweigen übergangen hätte.

J. Gill, der die Gesprächsführung der Florentiner Väter ausführlich nachzeichnet,[45] verweist, um die Schwierigkeit gegen das wechselseitige Verstehen zwischen den Konzilsvätern zu erläutern, auf den kulturellen Unterschied beim Theologisieren der Lateiner und der Griechen. Hauptsächlich wegen des unterschiedlichen Zugangs der Lateiner und der Griechen zu den theologischen Themen[46] nicht aber wegen eines inhaltlichen Gegensatzes zwischen ihnen, schreibt er, dauerte es lange, bis sich eine Lösung ergab. Diese habe sich erst abzeichnen können, als die Väter sich des Unterschieds im Zugang zur Fragestellung bewusst geworden waren und als die Lateiner es gelernt hatten, ihre theologische Sicht in einer Form darzulegen, die der griechischen Denkweise entsprach. Gill stellt heraus, dass man sich *ein richtiges Urteil über die Geisteshaltung der Griechen*" gebildet haben müsse, um verstehen zu können, wie das Konzil die Lösung fand. Er schreibt:

45 J. Gill: Konstanz und Basel-Florenz, Mainz 1967, S. 282–305; ausführlicher ist die englische Fassung seiner Untersuchung: The Council of Florence, Cambridge 1961; vieles zum Verlauf der Gespräche legte er auch dar in: Personalities of the Council of Florence, Oxford 1964.

46 Diesbezüglich denke man an den obigen Vergleich mit Wanderern, die aus unterschiedlichen Richtungen auf einen hohen Berg zugehen!

„Die Verwendung von Syllogismen in der theologischen Lehre von der Trinität hatte sie (= die griechischen Konzilsväter) nicht überzeugt, sondern eher ihre Entrüstung hervorgerufen; daher hatte Montenero[47] Plädoyer und seine Geschicklichkeit in der scholastischen Beweisführung bei den vorausgegangenen Sitzungen der Sache der Union vielleicht mehr geschadet als genützt. Ganz anders aber war es mit den Beweisen, die er den Äußerungen der Heiligen und Kirchenväter entnommen hatte,[48] denn die griechische Theologie war patristisch ausgerichtet. So begegnete Montenero ihr (zu guter Letzt) auf ihrem eigenen Boden. Gewiss waren seine Zuhörer nicht alle bereit, sämtliche von ihm gebrauchten Zitate ohne weiteres anzuerkennen, aber alle waren beeindruckt und mehrere … hatten sogar die klare Überzeugung gewonnen, dass sich weder die griechische noch die lateinische Theologie im Irrtum befanden, dass vielmehr beide recht hatten, da sie im Wesentlichen das Gleiche meinten, es aber in verschiedener Form ausdrückten.

Diese Überzeugung beruhte auf einem Axiom, das sie bestätigte und das keiner der in Florenz anwesenden Griechen zu leugnen gewagt hätte, so selbstverständlich war es ihnen: dass alle Heiligen als Heilige vom Heiligen Geist inspiriert sind und in Sachen des Glaubens miteinander übereinstimmen müssen. Die Vorstellung des Gegenteils hätte bedeutet, den Heiligen Geist zu sich selbst in Widerspruch setzen. Die Heiligen können ihren Glau-

---

47 Johannes de Montenero, ein italienischer Dominikaner und seit 1430 deren Provinzial in der Lombardei, war der hauptsächliche Sprecher der Lateiner bei der dogmatischen Aussprache in Florenz.

48 Sowohl der scholastische als auch der patristische Beweisgang Monteneros sind ausführlich aufgezeigt in Gills Skizze von den Gesprächen bei den Sitzungen.

ben zwar in verschiedener Form ausdrücken, einander aber niemals widersprechen."[49]

Als Ergebnis der langen Beratungen heißt es im Konzilsbeschluss:

„Der Heilige Geist ist ewig aus dem Vater und dem Sohn; er hat sein Wesen und sein subsistentes Sein zugleich aus dem Vater und dem Sohn und geht aus beiden ewig als von einem einzigen Ursprung und einer einzigen Hervorbringung hervor ….

Und weil alles, was des Vaters ist, der Vater selbst seinem einziggeborenen Sohn in der Geburt gegeben hat, außer dem Vater-Sein, hat eben dies, dass der Heilige Geist aus dem Sohn hervorgeht, der Sohn selbst ewig vom Vater, von dem er ewig auch geboren ist …."

Ausdrücklich wurde also an der Rechtmäßigkeit der Lehrformulierung sowohl mit als auch ohne filioque festgehalten[50]; was beide Seiten durch ihre Bekenntnisformel über den Hervorgang des Heiligen Geistes aussagen, wurde als rechtgläubig und als Lehre der gesamten Kirche Gottes anerkannt. Die Florentiner Konzilsväter kehrten zurück zur altkirchlichen Achtung vor der Souveränität des Heiligen Geistes,

– der auf eine von ihm gewählte Weise den Einzelkirchen hilft, bestimmte Wesenszüge des heiligen Mysteriums mit besonderer Deutlichkeit zu erkennen;

– der jede den Einzelkirchen geschenkte Einsicht in die Gesamtkirche einbringen lässt;

– und der dabei der Gesamtkirche, sofern diese das Belehrt-Werden nicht verweigert, zur reiferen Erkenntnis der heiligen Wahrheit verhilft.

49 J. Gill: Konstanz und Basel-Florenz, S. 300.
50 Für die Lehrformulierung ohne *filioque* bedurfte es selbstverständlich keines Konzilsbeschlusses, da sie dem Johannesevangelium entnommen ist.

Durch ausdrückliche Zustimmung zu den vom Heiligen Geist den Griechen und den Lateinern gewährten Einsicht und durch das Anerkennen der Gleichberechtigung zweier katechetischer Formeln verteidigten die Konzilsväter anlässlich der ihnen vorgelegten Thematik vom Hervorgang des Heiligen Geistes die Zustimmung zum Ausreifen der gesamtkirchlichen Glaubenseinsicht, welche der Heilige Geist der frühen Kirche geschenkt hatte, welche die Staatskirche aber schrittweise abwürgte, als sie zu wünschen begann, dass bei wichtigen Themen der Glaubenspredigt überall der gleiche Wortlaut Verwendung finde. Doch die Florentiner Väter standen vor dem Sachzwang, dass für die breitere Einsicht kein zusammenfassender Lehrsatz möglich war; sie mussten sich mit dem Nebeneinander-gelten-Lassen des von den einen und des von den anderen in den Vordergrund gerückten Erkenntnisaspekts begnügen.

Wer Gills Bericht von der Aussprache auf dem Florentinum aufmerksam studiert, mag wegen der Kürze der konziliären Debatte über das Papstamt erstaunt sein. Alle petrinischen Ansprüche, welche die Lateiner von alters her vorzubringen pflegten, fanden Anerkennung. Doch der Aussage über sie wurde eine Klausel bezüglich der Modalitäten angefügt, die bei der Ausübung der dem Papst zugesprochenen Vollmachten zu wahren seien. Wird dieser Klausel entsprochen, kann es jene monarchische Struktur der Kirche nicht geben, gegen welche sich die griechischen Bedenken gerichtet hatten, als die nach dem Osten expandierenden Lateiner nach einem zentralistisch strukturierten Modus für die Ausübung der petrinischen Privilegien des römischen Bischofs verlangten und als sie meinten, nur das tatsächliche Durchsetzen des von ihnen gewünschten Modus könne die Kircheneinheit erweisen. Der Konzilsbeschluss in dieser Sache lautet:

„Der heilige Apostolische Stuhl und der römische Bischof haben den Vorrang über den ganzen Erdkreis inne und er, der römische Bischof, ist der Nachfolger des seligen Petrus, des Ersten der Apostel, und wahrer Stellvertreter Christi, er ist Haupt der ganzen Kirche sowie Vater und Lehrer aller Christen, und ihm ist im seligen Petrus von unserem Herrn Jesus Christus die volle Gewalt gegeben worden, die universale Kirche zu weiden, zu leiten und zu lenken, wie es auch in den Akten der ökumenischen Synoden und den heiligen Kanones festgelegt ist. Wir erneuern[51] auch noch die in den Kanones überlieferte Ordnung der übrigen verehrungswürdigen Patriarchen: Der Patriarch von Konstantinopel ist der zweite nach seiner Heiligkeit, dem Papst von Rom, der dritte ist der Patriarch von Alexandrien, der vierte der von Antiochien und der fünfte der von Jerusalem, natürlich unter Wahrung all ihrer Privilegien und Rechte.“

Auch in dieser Sache folgte das Florentinum der Vorgehensweise, zu der es in der *filioque*-Frage gefunden hatte: bezüglich der Kirchenordnung sollte ebenfalls nebeneinander gelten, was der Heilige Geist bei den Lateinern und was er bei

---

51 Das Wort „erneuern" war angemessen, denn das 4. Laterankonzil hatte in Kap. 5 geschrieben: *„Nach der römischen Kirche, die auf Anordnung des Herrn als Mutter und Lehrerin aller Christusgläubigen über alle anderen Kirchen den Vorrang in der ordentlichen Gewalt besitzt, hat Konstantinopel die erste, Alexandrien die zweite, Antiochien die dritte und Jerusalem die vierte Stelle inne. Jede dieser Kirchen behält ihre Würde in folgender Weise: Nachdem ihre Vorsteher vom römischen Bischof als Insignie der bischöflichen Amtsfülle das Pallium empfangen und ihm dabei den Treu- und Gehorsamseid geleistet haben, verleihen auch sie ihren Suffraganen eigenverantwortlich das Pallium und nehmen von ihnen das kanonische Versprechen für sich und das Gehorsamsgelöbnis für die römische Kirche entgegen.“* Sogar die althergebrachte Liste von den fünf Patriarchaten in der Kirche Christi schien obsolet geworden zu sein, als das 4. Lateranense mit größtmöglicher Deutlichkeit die Herkunft der Zuständigkeiten aller östlichen Patriarchen von Rom vertrat.

den Griechen hatte heranwachsen lassen. Unterlassen blieb allerdings die Suche nach einem Verfahren, das beides zusammengefügt hätte. Wir werden zu zeigen haben, dass sich die Lateiner im Verlauf der weiteren Kirchengeschichte gern auf die anerkennenden Worte des Florentinums für die petrinischen Ansprüche beriefen, dabei aber regelmäßig die Klausel von den Modalitäten bei deren Ausübung mit Schweigen übergingen. Auf griechischer Seite war sich Metropolit Petr Mogila noch 1644 der beiden Teile in der Florentiner Aussage über den Papst bewusst und schrieb dies auch ausdrücklich nach Rom.[52] Gegen Ende seines Jahrhunderts fingen dann aber die Griechen an, den ersten Teil der Florentiner Aussage über den Papst ebenso zu „vergessen", wie es die Lateiner bis dahin längst schon mit der Schlussklausel zu tun pflegten. Unten wird davon eingehend zu reden sein.

Was nach der Kreuzfahrerzeit „Hardliner" an Gründen vorgebracht hatten, um das zwischen Lateinern und Griechen bestehende Schisma einen Gegensatz im heiligen Glauben zu nennen, wurde von den Florentiner Vätern als null und nichtig abgewiesen. Die Trennmauer zählte für sie nur in irdischen Augen und war vor Gott nichts; das Schisma war nach ihrem Urteil zustande gekommen, weil sich Söhne und Töchter der einen Mutter Kirche an gewisse Missverständnisse und Fehldeutungen klammerten; weil ihr Glaube an die vom Heiligen Geist grundgelegte Einheit der Kirche zu wanken begonnen hatte und sie nach einheitlichen Merkmalen beim Tradieren der heiligen Lehre bzw. nach Feststellbarkeit einer gemeinsamen Kirchenordnung verlangten. Um die Trennwand zu beseitigen, erwartete das Florentinum von beiden

52 Vgl. Suttner: Quellen zur Geschichte der Kirchenunionen, S. 113 f.

Seiten Ehrfurcht vor dem Wirken des Heiligen Geistes, das auf beiden Seiten erfolgt war; die jeweils anderen sollten so akzeptiert werden, wie sie unter dem Einfluss der Gnade Gottes hatten heranwachsen dürfen.

Doch die langen Diskussionen der Florentiner Konzilsväter waren im geschlossenen Kreis erfolgt; die Väter bedachten bedauerlicherweise nicht, dass die Aussöhnung zwischen ihren Kommunitäten eine beiderseitige öffentliche und kommunitäre Annahme der Einigung voraussetzte. Auch bedachten sie den großen Wandel nicht, der seit dem 7. ökumenischen Konzil vor sich gegangen war, weil es keinen Kaiser mehr gab, der über die Kirchen lateinischer und griechischer Tradition gemeinsam herrschte und durch seine Machtmittel dafür Sorge hätte tragen können, dass der Konzilsbeschluss überall Annahme fände, wie es die Kaiser bei den alten ökumenischen Konzilien de facto taten. Weil es unter den historischen Gegebenheiten des 15. Jahrhunderts keine staatliche Hinführung zur Annahme der Resultate aus den Konzilsberatungen gab, wäre auf beiden Seiten in den Gemeinden ein pastorales Mühen der Hierarchen um breite Zustimmung notwendig gewesen. Der lange und in vielen Kreisen sehr ausgiebig kolportierte Verdacht, die Verschiedenheit zeuge von unüberbrückbaren Gegensätzen, hätte abgelöst werden müssen durch eine Zustimmung zu jener besseren Einsicht, welche die Konzilsväter mühsam erarbeiteten. Doch die Konzilsväter beider Seiten verabsäumten es, sich um ein Verbreiten korrekter Kenntnisse bei der Mehrheit von Klerus und Volk zu kümmern, und ihr Beschluss blieb ohne Wirkung.[53]

---

53 Die Historiker können leicht aufzeigen, dass damals auf beiden Seiten für einen solchen Versuch kaum Aussicht auf Erfolg bestanden hätte. Dies ändert aber nichts daran, dass nur er eine Änderung der Situation hätte herbeiführen können.

9) Die Kirchen, deren wechselseitige Beziehungen und deren Schismen bislang besprochen wurden, hatten ihre Ausdrucksweise in der Glaubenspredigt, ihre gottesdienstlichen Traditionen, ihre Frömmigkeitsformen und die Einzelheiten ihrer Kirchenordnung selber ausgebildet und sie hatten einander trotz der Unterschiede lange Zeit als Schwesterkirchen die Communio gewährt. Doch die Communio ging ihnen verloren, als „potentere Kirchen" die Geistesgaben der „schwächeren Kirchen" nicht mehr hinreichend würdigten und diese wegen ihres Beharrens auf den herkömmlichen katechetischen Formeln bzw. wegen Nicht-Bezogenheit auf den Papst für „unbotmäßig" oder sogar für häretisch hielten. Innerhalb der Kirche des Abendlands ergab sich hingegen im 16. Jahrhundert ein Streit von ganz anderer Art. Dort hatte sich großes Bedürfnis nach Reformen angestaut, die Kirchenführung aber schien auf die dringenden Rufe nach solchen jahrzehntelang nicht einmal zu hören und blieb untätig.

Trotz des damals verbreiteten Rufens nach Reformen war von den Theologen der abendländischen Kirche kein Konsens erarbeitet worden hinsichtlich des Unterscheidens zwischen dem, was bei der erhofften Reform beizubehalten und was abzulehnen war. Als das Warten auf den Beginn der Reformen unerträglich geworden war, ergriffen Reformatoren die Initiative. Sie fällten ihr eigenes Urteil und verwarfen aus dem kirchlichen Leben der zeitgenössischen abendländischen Christenheit manches, was anderen abendländischen Klerikern und Gläubigen als unveräußerlicher Bestandteil des heiligen Erbes galt. Umgekehrt versteiften sich die Letzteren beim Verteidigen des Erbes auf manche Details, die von den Reformatoren mit gutem Grund in Frage gestellt wurden. Schwerer Streit brach aus, und darüber verlor die abendländische Kirche ihre Einheit.

Ohne Zweifel ging es bei diesem Streit – anders als bei den früheren Spaltungen – von Anfang an um Widersprüche, nicht um verschiedene, vom Gottesgeist geleitete herkömmliche Blickrichtungen auf die von allen nur bruchstückhaft erkannte heilige Wahrheit. Denn diesmal lebten beide Seiten auf der Grundlage einer mehr als tausendjährigen gemeinsamen Theologie und Kultur. Bei ihrem Streit urteilten die einen zur selben Sache und unter demselben Aspekt mit ja und wollten es beibehalten, die anderen mit nein und verwarfen es. Es ging nicht mehr darum, ob Entfaltungen auf der anderen Seite mit dem vereinbar sind, was der eigenen Kirche vom Heiligen Geist geschenkt worden war. Jetzt stritt man darüber, was am Leben der eigenen Kirche von Gott geschenkte heilige Überlieferung ist und was davon gebrandmarkt werden muss als verdunkelndes Beiwerk.[54]

Nicht mehr Verschiedenartigkeiten, sondern echte Widersprüche trennten also bei der Reformation des 16. Jahrhunderts die Streitparteien. Denn nicht seit Urzeit bestehende Kirchen standen diesmal einander gegenüber, die ehemals miteinander in Communio gelebt und sie aus Gründen verloren hatten, bezüglich derer zu fragen ist, ob sie vielleicht nur in den Augen der Menschen, nicht aber vor Gott Tren-

54 Diese Schilderung trifft in vollem Ausmaß natürlich nur auf die Anfangszeit im Verhältnis zwischen Protestanten und Katholiken zu. Denn im Lauf der 500 Jahre seit Ausbruch der Reformation brachen auch neue Fragen auf, zu denen sich beide Seiten in ihrer Theologie neu aufstellten und dabei auch eine je eigene Entfaltung nehmen konnten. Die mit Hilfe des Gottesgeistes zu solchen Themen erteilten Antworten beider Seiten können – wie auch die eigenständigen Sichtweisen der alten Schwesterkirchen – für die Christenheit eine Hilfe des Heiligen Geistes zur volleren Erkenntnis der Wahrheit sein, und wie die Theologiegeschichte aufweist, ist dies in der Tat auch mehrfach geschehen.

nung bedeuten. Zwischen Teilen einer einzigen Kirche war es diesmal darüber zum Streit gekommen, was an der eigenen kirchlichen Überlieferung von Gott geschenkt und heilig ist und was verfälschende Zutat sei. Um die Einheit wiederzuerlangen, galt es daher, die Teile zurückzuführen zu ihrer ehemaligen Übereinstimmung. Ein Konsens war zu suchen zur Frage, was *am eigenen Erbe* gottgeschenkt und was daran verfälschende menschliche Zutat sei, und nur wenn man erneut Übereinstimmung erlangte, konnte die Spaltung abgewendet werden.[55]

55 Auch die Kirchen byzantinischer Tradition müssen sich in der Neuzeit mit Spaltungen von dieser Art befassen; vgl. den Abschnitt „Auffassungen in den Kirchen byzantinischer Tradition von ihren internen Schismen" bei Suttner: Schismen, die von der Kirche trennen, und Schismen, die von ihr nicht trennen, Fribourg 2003, S. 83–90. So sah sich z.B. im 17. Jahrhundert das Moskauer Patriarchat zu Reformen genötigt, denn die über Jahrhunderte handschriftlich tradierten gottesdienstlichen Bücher waren beim häufigen Abschreiben fehlerhaft geworden und mussten verbessert werden. Zudem forderten „moderne Kreise" eine Öffnung des altmoskowitischen Lebens für Anregungen von außen, um nach der kirchenrechtlichen Regelung des Verhältnisses zwischen der Kirche des Zarenreichs und den griechischen Kirchen des Auslands, die 1589–1593 erfolgt war, auch in sonstiger Hinsicht die Isolation zu überwinden, in die man nach dem Untergang des byzantinischen Reichs geraten war. (1589 hatte der Konstantinopeler Patriarch Jeremias II. den Moskauer Metropoliten zum Patriarchen erhoben und dies 1590 und 1593 durch Synoden der orientalischen Patriarchen sanktionieren lassen; mit Lit.-Verweisen dokumentiert ist dies bei Suttner: Kirche und Nationen, Würzburg 1997, S. 160–162.) Bei den Reformen wurde unter anderem nach uneingeschränktem Angleichen der gottesdienstlichen Bräuche Russlands an jene der Griechen verlangt. Doch unkluges Vorgehen, besonders unter Patriarch Nikon, belastete das Reformwerk schwer. Es kam zum Entstehen des Altgläubigentums (Vgl. Johannes Chrysostomus OSB: Die religiösen Kräfte in der russischen Geschichte, München 1961, S. 118–124; P. Hauptmann, Art. Raskolniken, in: LThK² VIII, S. 993–995; Art. Alt-

Den großen Unterschied zwischen den alten Schismen und den durch die Reformation und ihre Folgeerscheinungen verursachten Kirchenspaltungen hob das II. Vatikanische Konzil hervor, als es in *Unitatis redintegratio*, Art. 13 *„zwei besondere Kategorien von Spaltungen ... näher ins Auge fasste"*. Doch oft wird in unserer kirchengeschichtlichen und sogar in unserer ökumenischen Literatur dieser Unterschied zu wenig beachtet; man denkt nämlich nicht global, vielmehr ausschließlich europazentriert und interpretiert alle Schismen, als wären sie sämtlich so vor sich gegangen wie die Geschehnisse in Mitteleuropa bei der Reformation des 16. Jahrhunderts. Deutlich belegt dies ein weit verbreitetes Schaubild, das noch vor wenigen Jahren bei Lateinern und Griechen in Handbüchern und Hörsälen der Theologen anzutreffen war.[56] Es zeigt einen Stamm, der die eine heilige Kirche symbolisieren soll, die anfangs angeblich einheitlich gewesen sei. Von diesem Stamm aus (das heißt: von der anfangs einheitlichen Kirche)

gläubige in LThK I(1993) S. 465–467). Die Oppositionsbewegung, die nur das als rechtgläubig gelten lassen wollte, was altrussisch und von den russischen Synoden des 16. Jahrhunderts sanktioniert worden war, besteht bis in unsere Gegenwart fort. Auch in diesem Fall ging es um das Leben der eigenen Kirche, denn die Altgläubigen warfen der Patriarchatsleitung vor, das heilige Erbe nicht im vollen Umfang gewahrt zu haben. Zu ähnlichen Protesten und Spaltungen kam es wieder, als im 20. Jahrhundert einige orthodoxe Kirchen für die Gedenktage der Heiligen den gregorianischen Kalender übernahmen und bestimmte Kreise ins Schisma gingen, weil sie meinten, auch der Kalenderwechsel bedeute ein Abweichen von der echten Tradition ihrer Kirche.

56 Trotz der klaren Aussage des II. Vatikanischen Konzils von den zweierlei Arten von Kirchenspaltungen fügte man dieses Schaubild noch 1987 auf S. 148 in die Neuauflage des Herderatlasses zur Kirchengeschichte ein, für den sogar der Anspruch erhoben ist, er ergänze das LThK.

hätten sich, beginnend mit den Arianern bis hin zu den jüngsten Sondergruppierungen, alle Konfessionen abgesondert, und zwar auf ein und dieselbe Weise, durch je eine Lehrverfälschung und für jede Konfession – für alle Nichtkatholiken, wenn Katholiken das Schaubild verwendeten, bzw. für alle Nichtorthodoxen, wenn Orthodoxe sich seiner bedienten – in einem jeweils genau feststellbaren Anfangsjahr und unter einem bestimmten Häresiearchen, der die vorher einheitliche Lehre der heiligen Kirche verdorben und das Schisma eingefädelt habe. Um dieses Schaubild zeichnen zu können, waren Griechen und Lateiner genötigt, nach dem Jahr ihrer Spaltung und nach den dafür verantwortlichen Häresiearchen zu fragen. Dabei schufen sie Geschichtsmythen, die kaum mehr zu tilgen sind.[57]

57 Die Lateiner schrieben die Rolle des Sündenbocks zuerst dem Konstantinopeler Patriarchen Photios zu. Als jedoch die Kirchengeschichtsforschung gegen Ende des 19. Jahrhunderts herausfand, dass Photios in seiner zweiten Amtszeit und bis an sein Lebensende mit dem Papst in Communio stand, musste davon abgerückt werden; für die neue Einsicht vgl. J. Hergenröther: Photios, Patriarch von Konstantinopel. Sein Leben, seine Schriften und das griechische Schisma, Regensburg 1867; vgl. auch Th. Hainsthaler: Die Enzyklika des Photios an die Patriarchen des Ostens, in: OstkStud 60 (2011) S. 266–279, wo es zusammenfassend heißt, die von Photios in Umlauf gegebene Enzyklika sei „ein Ausdruck dafür, wie sehr man sich auseinander gelebt hatte; Unterschiede, die früher als legitime Vielfalt toleriert wurden, werden nun als Häresie gebrandmarkt." Um von der irrigen Zuschreibung des Schismas an Photios abzurücken, brauchte die römische Kurie allerdings recht lange; 1933 führte sie im Vorwort einer amtlichen Liste der katholischen Titularbistümer die Orthodoxen immer noch als „Photianer" auf: S. Congregatio Consistorialis: Index sedium titularium Achiepiscopalium et Episcopalium, Vatikan 1933. Allmählich verständigte man sich darauf, das Jahr 1054 als Anfangsjahr des Schismas zu benennen und glaubte, in Patriarch Kerullarios und in Humbert Kard. de Silva Candida auf jeder Seite einen „Schuldigen" gefunden zu

Zur Klärung der von den Reformatoren aufgeworfenen Fragen feierte die abendländische Kirche im 16. Jahrhundert das Konzil von Trient. Dieses Konzil hatte sich den Angriffen der Protestanten auf die lateinische Tradition und ihren Vorwürfe auf Verfälschung des heiligen Erbes zu stellen. Denn durch Gruppierungen um einzelne Reformatoren war die Einheit der abendländischen Christenheit in Gefahr geraten. Mit den auseinander strebenden Parteien war unter den gegebenen Umständen das Wieder-Finden von Übereinstimmung (das heißt: erneuerte Einheitlichkeit) zu suchen. Denn das Konzil sollte verhindern helfen, dass aus der bisher einen, in allen wesentlichen Fragen übereinstimmenden abendländischen Kirche getrennte Konfessionen würden.

Verständlicherweise widmete sich das Konzil von Trient daher fast ausschließlich Fragen der abendländischen Theologie, und das Tridentinum gilt zu Recht als ein rein abendländisches Konzil. Selbstverständlich beziehen sich Konzilsbeschlüsse immer und sogar in erster Linie auf die überzeitlich gültige theologische Wahrheit. Doch sie stehen zugleich in einem speziellen Verhältnis zu den Zeitumständen, unter denen sie gefasst wurden. Dies ist bei ihrer Inter-

haben; vgl. Suttner: Die Rede von einem sogenannten *Großen Schisma im Jahr 1054* widerspricht eklatant der kirchengeschichtlichen Wahrheit, in: Christl. Osten 59 (2004) S. 4–19. Manche Autoren wählten die Eroberung Konstantinopels von 1204 zum „Anfangsdatum". Doch ein Krieg sät Hass, wo Liebe und gegenseitige Hochachtung herrschen sollten, kann aber die Glaubenslehre nicht geändert haben. Das II. Vatikanische Konzil sprach sich in *Unitatis redintegratio*, Art. 13, entschieden gegen die Geschichtsfälschung des benannten Schaubilds aus und schrieb, dass die Kirche von zwei besonderen Kategorien von Spaltungen betroffen wurde; doch auch dies verdrängte bis heute die Fehlbehauptung von einem angeblichen Großen Schisma von 1054 nicht aus den Köpfen vieler Autoren.

pretation zu beachten, damit man nicht für grundsätzlich und allgemeingültig halte, was in eine besondere geschichtliche Situation hinein gesprochen wurde.

Weil der Blick der Tridentiner Konzilsväter also auf die abendländische Kirche ausgerichtet war, nahmen sie z. B. beim Reden über den Papst keinen direkten Bezug auf die Rede von jenen Modalitäten der Autoritätsausübung durch ihn, die mit Rücksicht auf die östlichen Patriarchate in Florenz der Anerkennung der päpstlichen Vollmachten beigefügt worden war. Vielmehr delegierten sie in der Schlusssitzung vom 3./4. Dez. 1563 die Obsorge für die Konzilsbeschlüsse an den Papst und meinten: *„Sollte bezüglich ihrer Annahme eine Schwierigkeit auftreten, oder etwas geschehen, was eine Erklärung … oder eine Entscheidung verlangt, so vertraut die heilige Synode neben den anderen Hilfsmitteln, die auf diesem Konzil eingerichtet wurden, darauf, dass seine Seligkeit, der römische Papst, für Abhilfe sorgen wird.“*[58]

Über die Auswirkungen des Delegierens aller möglicherweise auftretenden Probleme an den Papst, über ein dadurch veranlasstes Erstarken der römischen Leitungsfunktion in der lateinischen Kirche und über ein schrittweises Anwachsen der Vorliebe für Vereinheitlichung des Kirchenlebens der Lateiner nach Abschluss des Konzils schreibt H. Jedin: *„Dass die Kirche … am Ende des Jahrhunderts erneuert und gekräftigt dastand, verdankt sie der Durchführung des Trienter Konzils durch das Papsttum. Dank dem Einsatz dreier hervorragender Päpste blieben seine Dekrete nicht toter Buchstabe, sondern gingen in das Leben der Kirche ein …“*, und er fasst abschließend die Auswirkungen des Tridentinums auf die abendlän-

---

58 Zitat nach Wohlmuth (Hg.): Dekrete der ökumenischen Konzilien, Bd. III, S. 798.

dische Kirche folgendermaßen zusammen: „*Der neue Zentralismus, der an die Stelle des fiskalisch orientierten spätmittelalterlichen Zentralismus trat, war religiös fundiert und geistig begründet. Das Papsttum hatte den Normen des Konzils von Trient Geltung verschafft: eine Bibel, die Vulgata, eine Liturgie, die römische, ein Gesetzbuch garantierten die Einheit, ja schufen eine weit größere Einheitlichkeit des kirchlichen Lebens, als sie je in der vortridentinischen Kirche bestanden hatte*".[59] Ein vierter Garant für Einheitlichkeit, den Jedin nicht erwähnt, ist nachzutragen, nämlich der „*Catechismus ex decreto Concilii Tridentini ad parochos Pii V. Pont. Max. iussu editus*" aus dem Jahr 1566, der überall in der Kirche Leitlinie sein sollte für die Einheitlichkeit der Katechese.

Was das vermehrte Verlangen auf Einheitlichkeit anbelangt, übersehe man die historische Situation nicht, mit der das Konzil sich auseinandersetzen musste: mit den Folgen des Auseinanderbrechens der abendländischen kirchlichen Tradition. Die Reformatoren und ihre Anhänger sollten durch das Konzil zu jener Einheit zurückgeholt werden, aus der sie herausgetreten waren. Es war folglich notwendig, dass die Tridentiner Väter die Thesen der Reformatoren an der abendländischen Überlieferung (die ja auch die Überlieferung der Reformatoren war!) maßen und dass sie das Wiedererreichen einer einheitlichen Zustimmung der Parteien zu einer gemeinsamen Position zu erreichen suchten. In ihrer historischen Situation mussten die Väter von Trient die Rückkehr zur Einheitlichkeit mit jenen

---

59 Die Zitate sind entnommen aus dem 1. Teil seines eigenen Beitrags „Das Papsttum und die Durchführung des Tridentinums" in dem von ihm herausgegebenen „Handbuch der Kirchengeschichte", Freiburg 1985, Bd. IV, S. 521–533.

kirchlichen Kreisen erstreben, mit denen sie verloren gegangen war, bzw. verloren zu gehen drohte, weil das frühere Miteinander, das mehr als ein Jahrtausend lang Bestand hatte, in die Krise gekommen war.

Der schwere Fehler, von dem wir im weiteren Verlauf unserer Untersuchung zu berichten haben werden, dass man es für richtig befand, die Verfahrensweise der Tridentiner Väter (nämlich das Messen der Positionen der anderen Seite an der eigenen Überlieferung) auch bei der Suche um Ausgleich mit Kirchen anzuwenden, die eigene Traditionen besitzen, darf dem Tridentinum nicht angekreidet werden. Wir verwahren uns daher energisch gegen eine Redeweise, die das, womit wir uns im Folgenden auseinander zusetzen haben, *tridentinisches Verhalten* nennt, denn es ist posttridentinische Verirrung, kein tridentinisches Verfahren.[60]

10) Ein Arzt, der keine korrekte Diagnose erstellt, kann das richtige Medikament nicht verabreichen; auch das Bemühen um Einigung der Kirchen bringt keine guten Früchte, sondern mehrt das Unheil, wenn es ohne Einsicht in die wahren Ursachen für das Schisma einsetzt. In nachtridentinischer Zeit zeigte sich dies am Verhalten der Lateiner zu den Grie-

---

60 Vor der Gefahr, einem der posttridentinische Verirrung vergleichbaren Fehlverhalten zu erliegen, stehen unsere offiziellen Dialogkommissionen, wenn sie sich auch im Gespräch zwischen Katholiken und Orientalen ebenso wie in jenem zwischen Katholiken und Protestanten um das Zusammenführen der dogmatischen Aussagen bemühen. Denn sie möchten sich dann für das erstrebte Heilen von Brüchen, die ganz andere Ursachen haben, auf eine Verfahrensweise einlassen, die nur passend wäre, wenn alle historischen Schismen in der Tat dem oben besprochenen irrigen Schaubild von den Spaltungen entsprächen.

chen und ein wenig später auch an jenem der Griechen zu den Lateinern.

Gut gemeint, doch leider verfehlt war das Bemühen um Unionen zwischen Lateinern und östlichen Christen im 16. bis 18. Jahrhundert. In der Tat waren damals beide Seiten ehrlich um die Erfüllung der Pflicht für die Kirche bemüht, sich um Einigung zu mühen, wenn ein Schisma besteht. Dabei ahmte man aber jenes Verfahren nach, das zur Zeit des Tridentinums für die Lateiner den Reformatoren gegenüber angemessen war. Je mehr Zeit verging, desto mehr ging man unkritisch von der Vorstellung aus, ursprünglich habe zwischen Lateinern und Orientalen in Kirchenordnung und im katechetischen und gottesdienstlichen Leben eine ebensolche Übereinstimmung bestanden, wie sie in den tausend Jahren vor der Reformation innerhalb des Abendlands vorgelegen hatte und der Verlust gerade dieser Übereinstimmung habe die Schismen mit den östlichen Kirchen verursacht. Man wollte die vermeintliche ursprüngliche Übereinstimmung wiedererstehen lassen.[61]

Folglich meinten die Lateiner, als in bestimmten Ländern Ost- und Südosteuropas die besagten Unionen erstrebt wurden, es sei ihre Aufgabe, die östlichen Christen zu vermehrter Ähnlichkeit mit ihrer Kirche herüberzuholen. Für die Väter des Tridentinums war es sachgemäß gewesen, das Wiedererlangen von Übereinstimmung zu erstreben, weil eine solche infolge der Reformation verloren gegangen war. Es ist posttridentinische Verirrung, dass man später dasselbe auch in Fällen erstrebte, in denen es nur in

---

61 Zahlreiche Quellen zu diesen Unionen sind zu finden im lateinischen Original, in deutscher Übersetzung und mit Kommentar bei Suttner: Quellen zur Geschichte der Kirchenunionen des 16.–18. Jahrhunderts, Fribourg 2010.

geistlicher (und der Empirie unzugänglicher) Hinsicht, nicht aber in empirisch aufzeigbaren Belangen eine einheitliche Tradition gegeben hatte und dass man um diese Zeit für das neuerdings angewandte Verfahren sogar die Fehlbehauptung aufstellte, endlich herbeizuführen, was die Väter des Florentiner Konzils erstrebten, die doch in Wirklichkeit für Vielfalt eingetreten waren. Dies verursachte in der Kirche viel Unheil und darf, um die Väter von Trient nicht zu verleumden, auf keinen Fall tridentinisches Vorgehen genannt werden.

Zur fraglichen Zeit waren sowohl die mit dem Papst verbundenen als auch die von ihm getrennten Kirchen Ost- und Südosteuropas von zwei Seiten her bedroht. Einerseits bedrängte sie die osmanische Expansion und andererseits war die Reformation bedrohlich. Die Osmanen wollten den Islam ausbreiten und die Protestanten verbreiteten über alle Grenzen hinweg ihre Thesen vom kirchlichen Leben. Zwar hatten die Protestanten ihre Thesen zunächst gegen die abendländische Kirche formuliert, doch sie stellten recht bald fest, dass die Mehrzahl der Einwände, die sie gegen das Leben der lateinischen Kirche erhoben, auch auf jenes der Griechen zutraf. Besonders die Kalviner waren bemüht, das „reine Evangelium", wie sie es verstanden, im Osten und im Südosten Europas zu verbreiten.[62]

Die von zwei Seiten her bedrängten Lateiner und Griechen betrachteten sich schon seit Jahrhunderten als voneinander durch ein Schisma getrennt. Sie nahmen die bestehenden Unterschiede in Katechese und Kirchenordnung ernst, beklagten sie bitter und waren überzeugt, dass das

---

62 Vgl. die Ausführungen in Teil II: „Die Kirchen beim Kulturwandel zu Beginn der Neuzeit" bei Suttner: Staaten und Kirchen in der Völkerwelt des östlichen Europa, Fribourg 2007, S. 55 ff.

Schisma um ihretwillen bestehe. Doch was sie Schisma nannten, hatte zunächst noch nichts daran geändert, dass das gläubige Bewusstsein auf beiden Seiten – zumindest zu Beginn der jetzt zu besprechenden Ereignisse – das Gnadenwirken des Heiligen Geistes auch auf der anderen Seite des Schismas immer noch ehrte. Und man suchte beieinander Hilfe.

11) Es bedarf zumindest eines gerafften Berichts von einer Anzahl von Fällen des Erbittens und Gewährens wechselseitiger Hilfe über die Scheidewand des Schismas hinweg in der fraglichen Periode und von den Schwierigkeiten, die daraus erwuchsen.

Gegen Ende des 15. Jahrhunderts war im Süden Italiens die dort ehemals weit verbreitete griechische Kirchentradition neu aufgelebt, weil griechisch- und albanischsprachige Christen vor den Türken dorthin flohen und ihre byzantinische Kirchlichkeit mitbrachten. Im Sinn der Übereinkunft von Florenz konnten bei ihnen im frühen 16. Jahrhundert griechische Bischöfe wirken, die in Konstantinopel bzw. in Ochrid geweiht worden waren und in Rom die jurisdiktionelle Sendung erhielten.[63] Noch 1562 billigte dies Papst Pius IV. Dann aber kam es im Rahmen der Bemühungen um Durchsetzung der tridentinischen Reformmaßnahmen zu Schwierigkeiten, und Papst Pius IV. änderte seine Haltung. Er und

---

63 V. Peri: I metropoliti orientali di Agrigento. La loro giurisdizione in Italia nel XVI secolo, in: Bisanzio e l'Italia (Festschrift Pertusi), Milano 1982, S. 274–321, beschreibt das damalige Zusammenwirken zwischen römischer Kurie und griechischen Hierarchen aus der alten Heimat der Flüchtlinge beim Einsetzen von Bischöfen für die Italo-Griechen bzw. Italo-Albaner.

Pius V. bezeichneten in Dokumenten von 1564 und 1568 die griechischen Bischöfe im Süden Italiens als schismatisch, ließen sie einkerkern und bezweifelten, dass sie wahre Bischöfe seien.[64]

Hingegen gründete Papst Gregor XIII. 1576 in Rom ein griechisches Kolleg, das junge Griechen unentgeltlich in ihrer Sprache und Kultur ausbilden sollte. In ihrer heimatlichen Kirche sollten sie Priester, Lehrer oder Mönche werden, sowohl in den Dominien italienischer Stadtrepubliken, wo die Griechen gemäß den Regeln des 4. Laterankonzils mit Rom uniert waren, als auch im osmanischen Reich, wo sie zum Papst im Schisma standen. Papst Gregor wünschte ausdrücklich, dass jene Alumnen, die Priester würden, zur besseren Verankerung in der heimatlichen Kirche nicht in Rom geweiht werden, sondern durch ihre heimatlichen Bischöfe, einerlei ob diese sich als uniert mit dem Papst oder als von ihm getrennt verstanden.[65]

Auch haben wir Kenntnis davon, dass der „Theologe"[66] des Erzbischofs von Dubrovnik, P. Marcinelli SJ (1537–1618), angesichts der türkischen Expansion den Kroaten empfahl, sich um Erteilung der heiligen Sakramente an serbische Priester zu wenden, wenn sie keine eigenen Seelsorger ha-

---

64 Es handelt sich um das Breve „*Romanus Pontifex*" vom 16. 2. 1564 und um die Bulle „*Providentia Romani Pontificis*" vom 20. 8. 1568; beides ist zu finden in: Bullarium Diplomatum et Privilegiarum Romanorum Pontificum, Tauriensis editio, Bd. VII, 1862, S. 271–273 und S. 473–475.

65 Vgl. V. Peri: Inizi e finalità ecumeniche del Collegio Greco in Roma, in: Aevum 44 (1970) S. 1–37. Die Nachfolger Gregors hielten allerdings am besagten Wunsch nicht weiter fest.

66 Zu diesem Amt vgl. LThK IX (2000) S. 1462.

ben.[67] Und geradezu Legion sind die uns erhaltenen Zeugnisse dafür, dass sich im 17. Jahrhundert im türkischen Gebiet die Missionare der Lateiner eifrig in der Seelsorge der „schismatischen" Kirchengemeinden betätigten.[68] Mehrfach halfen im 17. und noch zu Beginn des 18. Jahrhunderts im Schisma zu Rom stehende Bischöfe den mit dem Papst verbundenen Kirchen sogar durch das Weihen von Priestern und Bischöfen.[69]

Im (östlich der Karpaten gelegenen) Fürstentum Moldau gelangte 1561 Jakob Basilikus Heraklides auf den Fürstenthron und unternahm den Versuch, in seinem Gebiet von Staats wegen die Reformation durchzusetzen. Zunächst schien er dabei Erfolg zu haben.[70] Doch nach ihm kamen die Movileşti[71] an die Macht, die treu zur Traditionskirche des Lan-

67 Marcinelli wird zitiert von K. Draganović: Massenübertritte von Katholiken zur Orthodoxie im kroatischen Sprachgebiet zur Zeit der Türkenherrschaft, in: OCP 3 (1937) S. 181–232; S. 550–599; Zitat auf S. 580.

68 Nur eine beschränkte Anzahl von Berichten samt Hinweisen auf weitere Informationsquellen finden sich im Kapitel „Unionen *pro foro interno*" bei Suttner: Quellen zur Geschichte der Kirchenunionen des 16.–18. Jahrhunderts.

69 Im Folgenden kommen wir ausdrücklich darauf zurück, und in OstkStud 6 (1957) S. 87 belegt W. de Vries, dass *„in Persien die (von Rom gesandten) Missionare noch zu Beginn des 18. Jahrhunderts es (zuließen), dass katholische Priester von schismatischen Bischöfen geweiht wurden, weil kein katholischer Bischof vorhanden war."*

70 Für sein Wollen, sein Tun und sein Scheitern vgl. Suttner: Kirche und Theologie bei den Rumänen von der Christianisierung bis zum 20. Jahrhundedrt, Fribourg 2009, S. 40–47.

71 Movileşti ist die rumänische Mehrzahlform des Familiennamens Movilă, den man in der deutschsprachigen Literatur meist in slawisierter Form als Mogila schreibt. Der Kiever Metropolit Petr Mogila, der uns alsbald begegnen wird, entstammte dieser Familie.

des standen, welche dem Patriarchen von Konstantinopel verpflichtet war. Sie riefen Jesuiten ins Land, die die Einflüsse der Reformation wieder beseitigen sollten.[72] Die Zusammenarbeit mit ihnen muss sich gut entwickelt haben, denn 1588 schrieb der Moldauer Metropolit Gheorghe Movilă ein Ansuchen um Communio nach Rom, dessen Wortlaut in enger Beziehung steht zum Text des Florentiner Beschlusses vom 6. Juli 1439.[73] Aus Rom ergingen jedoch Antworten, die weit ablagen vom Denken der Florentiner Väter; getrennt von Rom, hieß es darin, stünden die Moldauer fern von der Kirche und ihre Lehre sei in die Irre gegangen. Der Gegensatz blieb zunächst aber folgenlos, weil ein Tatareneinfall in die Moldau das weitere Verfolgen der Angelegenheit verhinderte.

Gegen Ende des 16. Jahrhunderts suchte die ruthenische Kirche Polen-Litauens ebenfalls durch einen Antrag auf Communio mit Rom Schutz vor der Reformation. Führenden Anteil hatte dabei Ipatij Potij, einer der bestgebildeten Männer unter den Ruthenen seiner Zeit. Er wurde 1541 geboren, wuchs am Krakauer Hof des polnischen Königs Sigismund II. August auf und war zeitweilig Kalviner gewesen; 1574 kehrte er zur ruthenischen Kirche zurück. Er erlangte das

---

72 Die Jesuiten, deren Orden noch vor dem Konzil von Trient gegründet wurde, wurden zu einer Art „Schutzwall gegen die Reformation". Probleme erwuchsen aber, als ihre Tätigkeit auf den christlichen Osten ausgedehnt wurde, denn eine Grundregel für ihren Einsatz lief diametral den Modi zuwider, welche das Florentinum für den Dienst des römischen Bischofs benannt hatte; vgl. Suttner: Jesuiten und die Kirchen des christlichen Ostens, in: Christl. Osten 78, 2013, S. 20–33..

73 Das Schreiben des Metropoliten und weitere Quellen zu diesem Unionsversuch im lateinischen Original und in deutscher Übersetzung sowie Kommentare dazu finden sich bei Suttner: Quellen zur Geschichte der Kirchenunionen, Fribourg 2010, S. 10–22.

einflussreiche Amt eines Kastellans von Brest und als solcher war er Mitglied des polnischen Senats. Doch Fürst Ostrogskij[74] bewog ihn 1593, auf sein hohes Amt zu verzichten und sich zum (ruthenischen) Bischof von Vladimir und Brest weihen zu lassen.

Ehe es zu seiner Bischofserhebung kam, hatte Potij schon 1585 in Wilna eine Schrift mit dem Titel *„Unija Grekov s kostelem Rimskim"* *(„Die Union der Griechen mit der römischen Kirche")* veröffentlicht. M. V. Dmitriev, der die Schrift analysierte, zeigt auf[75], dass Potij überzeugt war, die ruthenische Kirche könne sich allein der protestantischen Opposition nicht erwehren. Wenn die Protestanten, hatte Potij geschrieben, die Lateiner auch in Polen überwinden würden, wie sie es in England taten, würde dies bei den ruthenischen Gläubigen zum Abfall von ihrem Glauben führen und nur eine Union mit Rom könne seine Kirche vor einer Niederlage gegenüber der Reformation bewahren.

So war Potij denn auch führend beteiligt, als die Bischöfe der Kiever Synode zwei Schreiben im Geist der Florentiner Beschlüsse nach Rom leiteten.[76] Sie beklagten das Fehlen der Commmunio zwischen Kiev und Rom und erbaten Hilfe in den Nöten der Zeit. Auch erarbeiteten sie ein Dokument mit 33 Punkten, die Bedingungen sein sollten für eine erwünschte Union. Im Geist von Florenz hätten die Bedingungen auch in der Union das theologische, gottesdienstliche und brauch-

74 Er war der einflussreichste unter den damaligen ruthenischen Adeligen und überhaupt einer der mächtigsten Magnaten im polnisch-litauischen Staat.

75 M. V. Dmitriev: Meždu Rimom i Car'gradom. Genezis Berestskoj cerkovnoj Unii 1595–1596 gg., Moskau 2003, besonders S. 220.

76 Quellentexte samt Kommentar zum Handeln der ruthenischen Bischöfe und zu den römischen Reaktionen bei Suttner: Quellen zur Geschichte der Kirchenunionen, S. 23 ff.

tumsmäßige Herkommen sowie den kanonischen Eigenstand der Kiever Kirche gewährleisten sollen. Von besonderem Gewicht für unsere Überlegungen ist der erste von den 33 Punkten der Unionsbedingungen, der in ausdrücklichem Rückgriff auf das Florentinum formuliert war:

„Da zwischen den Angehörigen der römischen Kirche und der griechischen Religion eine Meinungsverschiedenheit besteht über den Ausgang des Hl. Geistes, die die Union am meisten behindert, und dies fast aus keinem anderen Grund, als dass wir uns untereinander nicht verstehen wollen, fordern wir, zu keinem anderen Bekenntnis verpflichtet zu werden, sondern demjenigen folgen zu dürfen, das wir in den Schriften des Evangeliums und der heiligen Väter der griechischen Religion überliefert besitzen, dass eben der Hl. Geist nicht aus zwei Prinzipien und nicht in zweifachem Ausgang, sondern aus einem Prinzip, wie aus einer Quelle, aus dem Vater durch den Sohn hervorgeht."

Die Antwort aus Rom erfolgte in der päpstlichen Bulle *Magnus Dominus* vom 23. Dezember 1595. Nur mit Worten, aber keineswegs gemäß dem Sinn der Aussagen der Florentiner Väter berief sich Papst Clemens VIII. darin auf das Florentinum. Die Ruthenen wurden von ihm nicht als Kirche geehrt, wie es die Lateiner auf dem Florentinum mit den Griechen gehalten hatten. Die Bulle wandte sich vielmehr an die ruthenischen Bischöfe nicht als an eine Synode; ihr Ansuchen wurde mehrfach mit peinlicher Besorgtheit als Bitte individueller Persönlichkeiten angeführt. Diese, heißt es, hätten nachgesucht, in die Kirche Christi aufgenommen zu werden und Papst Eugen IV., schrieb der Papst in diesem Zusammenhang sogar ausdrücklich, habe in Florenz die griechischen Konzilsteilnehmer in die Kirche aufgenommen, obgleich Papst Eugen es doch zusammen mit allen Konzilsvätern, mit den lateinischen und den griechischen, für richtig befunden hatte, eine Mauer zu beseitigen, die *innerhalb der Kirche* Lateiner und Griechen in den Augen der Menschen, nicht aber vor Gott voneinander getrennt hatte. Auch spricht die Bulle mehrfach von dogmatischen Irrtümern, die sich bei den Ruthenen während ihrer Trennung vom römischen Stuhl eingeschlichen hätten; allerdings vermied Clemens VIII. es, die wiederholt angesprochenen (und den Florentiner Vätern gänzlich unbekannten) Irrtümer konkret zu benennen. Während einer in der Bulle erwähnten Festlichkeit, die in Rom für die Delegierten der Kiever Synode veranstaltet wurde, predigte man ihnen, die Kiever seien wegen ihrer Trennung vom römischen Stuhl auch getrennt vom Strom der göttlichen Gnade. Dennoch sprach die Bulle in ungeklärter Ekklesiologie von den Kiever Hierarchen als von geweihten Bischöfen und anerkannte das Kirchenvolk der Kiever Metropolie als getaufte Christen. Die 33 Punkte, die von den Ruthenen ausdrücklich als Unionsbedingungen vorgelegt worden waren, erfuhren in der Bulle überhaupt keine Erwähnung und kommentarlos wurde den Ruthenen ein Glaubensbekenntnis mit dem filioque und zudem mit einer ellenlangen Aufzählung Tridentiner (das heißt: rein abendländischer!) theologischer Ergebnisse auferlegt.[77] Hingegen fanden beim Verweis, den das Glaubensbekenntnis auf die Beschlüsse des Florentinums vornahm, nur die anerkennenden Worte über die päpstlichen Vollmachten Erwähnung, nicht jedoch die Klausel von den Modalitäten bei der Primatsausübung, die das Konzil der Zustimmung zum Primat des Papstes beigefügt hatte. Auch regierte der Papst sofort hinein in die Kiever Metropolie (die zum Konstantinopeler Patriarchat ge-

---

77 Das Glaubensbekenntnis ist enthalten in der Bulle *Magnus Dominus*; Text und Kommentar bei Suttner: Quellen zur Geschichte der Kirchenunionen, S. 79–86.

hörte, das heißt zu einem Bereich, den der Papst gemäß dem Florentinum hätte respektieren müssen), und er ordnete an, dass der Kiever Metropolit *„nostra etiam auctoritate suffultus"* (*„auch durch Unsere Autorität unterstützt"*) eine Regionalsynode durchführe, wie nach dem Tridentinum solche in Regionen Italiens gefeiert worden waren; der Papst war es auch, der dafür die Teilnehmerliste festlegte.[78] Er beabsichtigte durch die Art, wie er in *Magnus Dominus* die dem römischen Stuhl gebührende Obödienz auslegte, die unierten Ruthenen jener kontinuierlichen Führung zu unterstellen, die er wie seine Vorgänger als römische Oberhirten den abendländischen Erzbistümern und Bistümern von jeher schuldete und die in der zweiten Hälfte des 16. Jahrhunderts umso wichtiger geworden war, weil überall in der lateinischen Kirche unter päpstlicher Führung die tridentinische Erneuerung des kirchlichen Lebens durchzusetzen war. Um den römischen Instanzen auch bei den Ruthenen die entsprechende Handlungsmöglichkeit sicherzustellen, nahm er Eingriffe in das Territorium eines östlichen Patriarchen vor, die vom Florentinum ausdrücklich ausgeschlossen worden waren.

Die Kiever Kirche war also durch Clemens VIII. im auferlegten Glaubensbekenntnis und in der Kirchenordnung weit von ihrem ruthenischen Herkommen weggeführt und den Metropolien bzw. Erzbistümern der Lateiner angeglichen worden. Kein Wunder, dass Metropolit Petr Mogila, der als letzter unter den bedeutenden Theologen des 17. Jahrhunderts den Resultaten des Florentinums treu geblieben war, in einem

---

78 Für die Verleihung päpstlicher Autorität an den Metropoliten zum Einberufen der Synode und für die vom Papst vorgenommene Berufung von Teilnehmern vgl. die Dokumente Nr. 181, 182 und 183 vom 7. Februar 1596 bei: Welykyj: Documenta Unionis Berestensis eiusque auctorum, Rom 1970.

Gutachten, das er 1644 nach Rom schickte, die Vorgehensweisen von 1595 und 1596 in Rom und in Brest nicht mehr als Union anerkannte, sondern sie eine *transubstantiatio [religionis] Graecae in Romanam* (= eine *Umgestaltung der griechischen Glaubensgemeinschaft in eine römische*) nannte,[79] und nur ein Teil der Ruthenen bewahrte Gehorsam und Treue zu jenen von ihren Bischöfen, die sich einverstanden zeigten mit der Umgestaltung. Die Brester Union, die vermehrte Ähnlichkeit der Ruthenen zu den Lateinern erstrebte, wurde zur Ursache eines neuen Schismas, in diesem Fall zwischen Ruthenen und Ruthenen.

Nachdem Clemens VIII. wegen seiner Auffassung von der Obödienz, die dem römischen Stuhl gebühre, in *Magnus Dominus* die unierten Ruthenen genau jener kontinuierlichen Führung unterstellt hatte, welche der römische Oberhirte den Bistümern des lateinischen Patriarchats von jeher schuldet, wurde 1622 die römische Kurie um eine Kongregation für die Glaubensverbreitung (um die *Sacra Congregatio de Propaganda Fide*) erweitert. Ihr wies Rom in aller Welt[80] die Ober-

79 Sein ganzes Gutachten findet sich in einer zeitgenössischen lateinischen Übersetzung, die allein erhalten ist (der polnische Urtext ist verloren gegangen), sowie mit deutscher Übersetzung und Kommentar bei Suttner: Quellen zur Geschichte der Kirchenunionen, S. 101–120; die Rede von der *transubstantiatio [religionis] Graecae in Romanam* findet sich darin auf S. 104.

80 Die Erinnerung an die geographischen Grenzen zwischen den Patriarchaten, deren sich die Lateiner beim Florentinum lebendig bewusst waren, weil der Patriarch von Konstantinopel selbst am Konzil teilnahm und die anderen östlichen Patriarchen durch Delegaten vertreten wurden, war den Römern im Gefolge der geographischen Entdeckungen und der nachfolgenden missionarischen Ausbreitung der lateinischen Kirche auf alle Kontinente aus dem Bewusstsein entschwunden. So dachte man – wie bei der oben vermerkten Gründung

aufsicht über das missionarische Wirken der Lateiner zu und in den Ländern, in denen der römische Einfluss durch Schismen eingeschränkt worden war, das Kontrollrecht über das kirchliche Leben sowohl der lateinischen als auch der mit Rom unierten orientalischen Christen.[81] Seit 1622 üben die neue Kongregation und ihre Nachfolgeinstanzen[82] daher bei den mit Rom unierten Orientalen alle Kompetenzen aus, die

des Jesuitenordens – auch beim Gründen der neuen Kongregation sofort uneingeschränkt an „alle Welt". Im Gefolge der Ausbreitung der lateinischen Kirche in alle neu entdeckten Kontinente entglitt den Lateinern eben auch das Wissen, welches die Florentiner Väter noch lebendig besaßen über den Unterschied zwischen dem eigenen Patriarchat des römischen Bischofs, in dem er sowohl als Patriarch als auch als Inhaber der petrinischen Vorzüge amtierte, und den Territorien der östlichen Patriarchen, in denen er und seine Kurie nur für die Aufgaben des Petrusnachfolgers Sorge tragen sollen.

81 Auf die Zuständigkeiten der Kongregation im Osten sollten folglich nach römischer Vorstellung weder die Abgrenzung der Patriarchate, auf der das Florentinum bestanden hatte, noch der Unterschied im Ritus Einfluss haben. Alle Kompetenzen für Lateiner und (mit Rom unierte) Orientalen wurden ihr dort übertragen, und auch in den Ländern des ursprünglichen lateinischen Patriarchats sollte sie überall für das gesamte kirchliche Leben Sorge tragen, wo die Reformation „siegreich" gewesen war. Ein Beispiel für ungute Konsequenzen aus der letzteren Kompetenzzuweisung ist das Utrechter Schisma, welches eine Folge davon ist, dass die Kongregation die volle Kompetenz für die Niederlande beanspruchte; vgl. das Kapitel „Auffassungen der abendländischen Kirche von ihren internen Schismen" bei Suttner: Schismen, die von der Kirche trennen, und Schismen, die nicht von ihr trennen, Fribourg 2003.

82 1861 wurde in der Kongregation eine besondere Kommission für die katholischen Ostkirchen und 1917 eine eigene *Kongregation für die Ostkirche* geschaffen, die man nach dem II. Vatikanischen Konzil ein klein wenig umbenannte in *Kongregation für die Ostkirchen.* M. Vattappalam: The Congeregation for the Eastern Churches. Origins and Competence, Libreria Editrice Vaticana, 1999, beschreibt die Zuständigkeiten der gegenwärtigen Institution und ihrer Vorgängerinnen gemäß der

Clemens VIII. dem römischen Stuhl über die Unierten aus dem Osten zugesprochen hatte – unter Missachtung der Aussage des Florentinums, das ein Hineinregieren der römischen Kurie in östliche Patriarchate verboten hatte. Zudem baute die neue Behörde ihre Kompetenzen Schritt für Schritt aus und erlangte in der Folge die Oberaufsicht über alle liturgischen, spirituellen, kirchenrechtlichen und katechetischen Belange und über die ordentliche Pastoral in den mit dem Papst unierten östlichen Kirchengemeinden.

Bei Gründung dieser Kurialbehörde und bei der Zuweisung der eben aufgezählten Aufsichtsvollmachten an sie formte man die jurisdiktionelle Kompetenz des römischen Stuhls, dem *in speziellen Fällen* von jeher und überall in der Kirche ein Eingriffrecht zustand[83], um zu einer ständigen patriarchalen Führungskompetenz bezüglich aller mit ihm in Einheit stehenden Ortskirchen, auch der östlichen. Wegen des Gegensatzes zum Florentinum, den dies bedeutet, verwundert es nicht, dass die Existenz und das Tun dieser Behörde zu einem neuen Gravamen im wechselseitigen Verhältnis der Christen aus Ost und West wurde.

Unter Federführung durch Msgr. Francesco Ingoli, der von 1622 bis 1649 das Amt des Kongregationssekretärs ausübte,

jeweils gültigen Geschäftsordnung der römischen Kurie. Eine Rezension zu Vattappalam findet sich in: Ostk. Stud. 50 (2001) S. 273–274.
83 Vgl. die Darlegung zum Konzil von Serdica bei Suttner: Auf der Suche nach gesamtchristlicher Anerkennung für den Dienst des Bischofs von Rom als erstem unter den Bischöfen, in: Rappert (Hg.): Kirche in einer zueinander rückenden Welt, Würzburg 2003, S. 171–190. bes. S. 174 f, sowie Suttner: Der Wandel in der Ausübung des römischen Primats im Gefolge der Brester Union, in: J. Marthe (Hg.): Internationales Forschungsgespräch der Stiftung Pro Oriente zur Brester Union, Zweites Treffen (2004), Würzburg 2005, S. 111–118.

vertrat die Kongregation, dass Papst Clemens VIII. für alle Unionen von Griechen mit der römischen Kirche die Modalitäten definitiv geklärt habe. Als die Ruthenen nach der vom Papst verlangten Brester Regionalsynode von 1596 und nach der Weihe einer Gegenhierarchie für die Unionsgegner im Jahr 1620 in Gesprächen zwischen den beiden Parteien ihre Spaltung eigenständig wieder bereinigen wollten, stimmte das Kongregationsplenum am 4. Juni 1629 Ingoli zu, der geschrieben hatte, die Ruthenen dürften *„ein solchermaßen gefährliches Unternehmen"* nur beginnen, wenn zuvor *„die Meinung des Papstes und der Sacra Congregatio de Propaganda Fide eingeholt"* sei.[84] Bis zum Ende von Ingolis Amtszeit war die Kongregation gewillt, an dieser Entmündigung der Unierten festzuhalten.

Doch die Ruthenen suchten, sich zu widersetzen und verlangten nach einem eigenständigen Patriarchat für ihre Kirche. Erst jüngst, nämlich 1589, hatte Jeremias II., der Patriarch von Neurom, den Moskauer Metropoliten (den man auch als den „Metropoliten im dritten Rom" ansah) zum Patriarchen erhoben und dies 1590 und 1593 durch Synoden der orientalischen Patriarchen sanktionieren lassen.[85] Dabei geschah abermals, was einst die ökumenischen Konzilien von Ephesus und von Chalkedon für die Kirchen im neuen Rom (Konstantinopel), in Jerusalem und auf Zypern taten, als sie diese als eigenständige und regional wirkende Kirchen anerkannten.[86] Als eine herangereifte und regional wirksame

---

84 Der Quellenbeleg dafür ist zitiert bei Suttner: Quellen zur Geschichte der Kirchenunionen, S. 96.

85 Mit Lit.-Verweisen ist dies dokumentiert bei Suttner: Kirche und Nationen, Würzburg 1997, S. 160–162.

86 Vgl. die einschlägigen Hinweise oben im Kontext der Darlegungen zu den Kreuzfahrern.

Kirche wurde also gegen Ende des 16. Jahrhunderts auch die Moskauer Kirche in die Selbständigkeit entlassen und durfte hinfort ihre Angelegenheiten selbst regeln. Zu Beginn des 17. Jahrhunderts hofften und wünschten die Ruthenen, dass der Patriarch aus dem alten Rom für den Metropoliten von Kiev denselben Schritt einleite.[87] Durch Erhebung der Ruthenen zu einer eigenständigen Kirche, wie die „Griechen" eine solche verstehen, wäre die Oberaufsicht der *Congregatio de Propaganda Fide* beendet worden, und die Ruthenen hätten ihr jüngst ausgebrochenes Schisma zwischen Ruthenen und Ruthenen selber bereinigen können. Doch auf seiner Sitzung vom 4. Juni 1629 wischte das Kongregationsplenum den Vorschlag der Ruthenen vom Tisch, wie es Msgr. Ingoli empfohlen hatte. Rom wollte es bei jener Vereinnahmung der Ruthenen durch die Organe des römischen Patriarchats belassen, die Clemens VIII. eingeleitet hatte.

---

87 O. Turij zeigt in einer Einführung zu „Einheit: Auftrag und Erbe. Anthologie von Texten der ukrainischen griechisch-katholischen Kirche zu Fragen der Kircheneinheit", Lemberg 2012, S. 24 ff, das Heranreifen der Kiever Christenheit zu jenem Reifegrad auf, der (nach „griechischem" Verständnis) die Zuerkennung der Selbständigkeit erlaubt hätte, und auch die Folgen, die sich ergaben, weil das erste und das dritte Rom es vorzogen, die Selbständigkeit dieser Kirche zu verhindern, um eigene Hegemonialwünsche über sie verfolgen zu können. Zudem gibt Turij Einblicke in die Gründe, weshalb die ukrainische griechisch-katholische Kirche seit dem II. Vatikanischen Konzil erneut nach der Erhebung zu einem Patriarchat verlangt. Mit Schweigen übergeht er dabei allerdings Petr Mogilas oben erwähntes Gutachten von 1644, das beim Streben nach voller Selbständigkeit für die ruthenische Kirche Rücksicht empfahl auf Empfindlichkeiten andernorts und einen Weg vorschlug, der der ruthenischen Kirche auch ohne die Titulatur eines Patriarchats die Autonomie eingebracht hätte.

Um die Mitte des 17. Jahrhunderts erreichte ein weiterer Hilferuf aus der Christenheit griechischer Tradition die Lateiner. Denn die kalvinischen Fürsten Siebenbürgens hatten Teile Oberungarns unter ihre Herrschaft gebracht und wollten dort die Gläubigen griechischer Tradition zur Annahme des reformierten Glaubens veranlassen. Für diese Gläubigen amtierte im Nikolauskloster bei Mukačevo ein Bischof.[88] Der Westen seines Gebiets fiel nach dem Ende der ungarischen Königsherrschaft an die Habsburger, der Osten nach einiger Zeit an die Fürsten von Siebenbürgen. Letztere versuchten mit Nachdruck, die ihnen unterstellten östlichen Christen der reformierten Kirche zuzuführen.

Um ihrem Druck zu entgehen, suchten der Mukačever Bischof und ein Teil seiner Priester im 17. Jahrhundert Unterstützung bei der Kirche des Habsburgerreichs, da die Habsburger im Westen ihres Gebiets sowieso schon die Macht inne hatten. In der sogenannten Union von Užgorod nahm man 1646 die Gemeinschaft in den Sakramenten mit Österreichs Kirche auf, denn man hoffte, durch Gemeinschaft im pastoralen Dienst mit der mächtigen Kirche der Habsburger stark genug zu werden, um auch im Osten des Landes das eigene geistliche Erbe gegen die Siebenbürger Fürsten verteidigen zu können.[89] Wenige Jahre nach dem Unionsabschluss erwies sich besonders deutlich, dass es dabei in der Tat um den

88 Die älteste auf uns gekommene Bezeugung eines Bischofs in diesem Kloster stammt aus dem Jahr 1491, also noch aus der Zeit vor der Niederlage des mittelalterlichen ungarischen Königreichs gegen die Osmanen. Es ist allerdings fraglich, ob für den dort amtierenden Bischof ein kanonisch vollauf errichtetes Bistum bestand, oder ob dort vielleicht nur eine Art Wanderbischof residierte.

89 Vgl. das Kapitel „Die Union von Užgorod" bei Suttner: Quellen zur Geschichte der Kirchenunionen, S. 142–156, sowie das Kapitel „Zusammenwirken der lateinischen und der griechischen Kirchen in den

Wunsch auf solche Zusammenarbeit gegangen war. Als nämlich 1651 jener Mukačever Bischof starb, zu dessen Lebzeiten
die Union geschlossen worden war, wählte die Mehrheit des
Diözesanklerus den unierten Priester Petr Parfenij zum Nachfolger. Der Siebenbürger Fürst hingegen versuchte, mit Hilfe
einer Minderheit im Klerus einen zum Kalvinismus tendie-
renden Gegenkandidaten durchzusetzen. Nur die Tatsache,
dass (der mit Rom keineswegs unierte) Bischof Simion Ştefan von Alba Julia dem Kandidaten der Mehrheit die Weihe
erteilte, sicherte diesem die Nachfolge und rettete die Union.[90]
Hätte ein Lateiner Petr Parfenij die Bischofsweihe erteilt, wäre
dieser damals mit Sicherheit in den Kirchengemeinden des
Bistums nicht angenommen worden. Der Primas von Ungarn
Georg Lippay hielt daher unter den obwaltenden Umständen, weil kein unierter Bischof vorhanden war, die Weihe
eines unierten Bischofs durch einen nicht unierten für un-
vermeidbar, obgleich er sich bewusst war, dass eine solche
Weihe kanonische Sanktionen nach sich ziehen wird. Er verwandte sich in Rom für den neugeweihten Bischof, damit er
von allen kirchlichen Zensuren freigesprochen werde, und
bezeugte, dass der weihende Bischof um das Uniert-Sein des
Weihekandidaten wusste. Der weihende Bischof Simion
selbst gab in der Weiheurkunde, die er für Petr Parfenij aus-
stellte, als Grund für die Weihe an, dass der Kandidat eine
Urkunde vorlegte, aus der hervorging, dass der Primas von

Nöten der Zeit" bei Suttner: Staaten und Kirchen in der Völkerwelt
des östlichen Europa, Fribourg 2007, S. 67–106.

90 M. Păcurariu: Istoria Bisericii Ortodoxe Române, II, S. 66–75 nennt
Simion Ştefan eine Stütze für die Kirche der Siebenbürgener Rumänen; vgl. auch ders.: Dicţionarul teologilor Români, 2. Aufl., S. 481 f;
sowie Suttner: Die Heiligsprechung des Metropoliten Simion Ştefan
von Siebenbürgen in der Rumänischen Orthodoxen Kirche, in:
OstkStud 60 (2011) S. 255–265.

Ungarn (NB: das war der Erstbischof der Lateiner, zu denen das Schisma bestand!) ihn mit der Seelsorge für die Griechen Oberungarns betraut habe. Über Bischof Simion, der direkt in der Residenzstadt der Fürsten Siebenbürgens amtierte und dessen Diözese stärkstem Kalvinisierungsdruck ausgesetzt war,[91] berichtete Primas Lippay, dass er sehnsuchtsvoll gewünscht habe, ebenfalls durch eine Union mit der lateinischen Kirche geschützt zu werden.

Papst Alexander VII. approbierte am 8. Juni 1655 die Bischofsweihe an Petr Parfenij; Bischof Simion Ștefan wurde am 21. Juli 2011 durch die Synode der Rumänischen Orthodoxen Kirche heilig gesprochen.

Nach dem Ausscheiden von Msgr. Ingoli aus der Kongregation für die Glaubensverbreitung änderte diese bis zu einem gewissen Grad ihre Haltung und machte manches von dem möglich, was in den Tagen Ingolis unmöglich zu sein schien. Unter anderem gilt dies von den sogenannten Unionen *pro foro interno*, denen andere als die von Papst Clemens verfügten Regeln zugrunde lagen.[92] 1669 verabschiedete die *Congregatio de Propaganda Fide* Anweisungen für Jesuiten, die in eins jener Länder entsandt werden sollten, in denen die östlichen Christen nicht in Einheit standen mit dem römischen Oberhirten.[93] Sie sollten dort nach einer Glaubensunion streben.

---

91 Vgl. das Kapitel „Abendländischer Einfluss im 16. und 17. Jahrhundert" bei Suttner: Kirche und Theologie bei den Rumänen, S. 35 ff.

92 Zu diesen Unionen und zu den Regeln, denen sie folgten, vgl. das entsprechende Kapitel bei Suttner: Quellen zur Geschichte der Kirchenunionen, S. 156–163.

93 Hierzu (wie auch zu den nachfolgend benannten Dokumenten, die sich auf die Siebenbürger Kirchenunion beziehen) vgl. Suttner: Quellen zur Geschichte der Kirchenunionen, S. 164–233.

Gemäß diesen Anweisungen sollten die Jesuiten den schismatischen Christen nicht wie Papst Clemens VIII. in *Magnus Dominus* als individuellen Gläubigen, sondern als Kirchengemeinschaften begegnen.[94] Demgemäß führten sie die Gespräche in Siebenbürgen in der Tat mit dem Bischof und mit seiner Synode. Auch sollten sie laut den Anweisungen *„sorgfältig den Unterschied beachten zwischen Dingen, die den heiligen Glauben betreffen, und den kirchlichen Riten, zwischen dem Dogma, das zu glauben, und dem Disziplinargesetz, das zu beachten ist."* Die Glaubenseinheit, um die sie sich zu bemühen hatten, sollte also Verschiedenheiten nicht ausschließen. Dafür wurde auf das Florentinum Bezug genommen und den Patres wurde (in Rom? oder in Wien?) ein Dokument folgenden Inhalts ausgehändigt:

„Dogmatische Irrtümer, welche zur Rückkehr zur katholischen Kirche bereite Griechen gemäß dem Dekret des Florentiner Konzils durch ein ausdrückliches Glaubensbekenntnis verurteilen müssen, wie folgt:

1. Der römische Papst sei nicht das allgemeine Oberhaupt der über den ganzen Erdkreis verbreiteten Kirche;

2. Ungesäuertes Brot sei keine hinreichende Materie für das Sakrament der Eucharistie;

3. Außer dem Himmel, dem Ort der Seligen, und der Hölle, dem Kerker der Verdammten, bestehe kein dritter Ort, an

---

94 Zur Frage, ob die „Schismatiker" bei Unionsgesprächen als Kirchengemeinschaften oder ausschließlich als individuelle Gläubige zu verstehen seien, vgl. Suttner: Gegensätzliches Verständnis ekklesiologischer Gegebenheiten beim Vorbereiten, Abschließen bzw. Bekämpfen der Siebenbürger Kirchenunion (= ein Beitrag für die Arbeitsgemeinschaft der Wiener Stiftung Pro Oriente zur Siebenbürger Kirchenunion; derzeit in Druck).

dem noch weiterer Buße bedürftige Seelen verhalten und ge-
reinigt würden;

4. Der Hl. Geist, die dritte Person in der Trinität, gehe nicht
zugleich vom Vater und vom Sohne aus."

Die Berufung auf das Florentiner Konzil in diesem Dokument ist mehr als nur fragwürdig, denn nicht von östlichen
Kirchen ist darin die Rede, vielmehr nur von individuellen
unionswilligen Christen und lediglich ein Rückgriff auf die
vier Themen erfolgt, über die auf dem Konzil beraten worden war. Schon die Aussageform weicht wesentlich vom Florentinum ab, denn ein Text wird vorgelegt, der den Bekennt-
nisinhalt nicht wie der Florentiner Konzilsbeschluss in
positiver Form vorträgt; vielmehr stoßen wir, wie es in der
nachtridentinischen Kontroverstheologie gebräuchlich war,
auf ein Formular zum Abschwören von Abweichungen. Zudem besteht zum Florentinum dem Inhalt nach ein funda-
mentaler Gegensatz, weil das Konzil zu den vier Themen sowohl die Positionen der Lateiner als auch jene der Griechen
für rechtgläubig erklärte und beide Seiten für berechtigt hielt,
beim Herkommen zu verbleiben. Es verbot, die Lehre und
die Bräuche der jeweils anderen Seite zu verwerfen. Davon
ist nur übrig geblieben, dass die Griechen das Verdammen
der lateinischen Lehren und Bräuche zu unterlassen haben;
dass das Florentinum den Lateinern ebenso gebot, das griechische Herkommen anzuerkennen, bleibt unerwähnt. Aus
dem weiteren Verlauf der Angelegenheit wird sich zudem ergeben, dass die lateinische Seite nicht damit zufrieden blieb,
ein Nicht-Verdammen lateinischer Lehren und Bräuche ein-
zufordern; man verlangte vielmehr darüber hinaus die Übernahme der Lehren der Lateiner.

Die Jesuitenpatres hatten, als sie die Unionsgespräche auf-
nahmen, nicht nur dem Einheitsauftrag Christi zu dienen,

den das römische Dokument herausstellte. Denn Österreich verband mit dem Unionsanliegen auch staats- und sozialpolitische Ziele und gerade diese wurden zur Ursache dafür, dass die Siebenbürger Kirchenunion sich in ekklesiologischer Hinsicht von der Brester Union und von der Union von Užgorod deutlich abhebt. Österreich wollte die Rumänen Siebenbürgens nämlich durch die Union intensiv in die Donaumonarchie einbinden. Aus den wenigen Lateinern im Land samt den Rumänen sollte sich in der neuen österreichischen Provinz eine Mehrheit für die katholische Staatskirche ergeben und den unierten Rumänen Siebenbürgens sollten jene Rechte erteilt werden, die in Österreich für Katholiken bestanden. Dies ließ die Siebenbürger Stände um ihre wirtschaftliche Position und die reformierte Mehrheit unter ihnen auch um die protestantischen Freiheiten bangen. Daher verwahrten sich die Stände dagegen, dass eine Union, die eine Neuordnung der sozialpolitischen Verhältnisse nach sich zöge, durch einen kommunitären Beschluss der Kirchenleitungen herbeigeführt werde. Sie verlangten, dass jeder einzelne rumänische Kleriker und Gläubiger zu befragen sei, ob er uniert sein wolle oder nicht. Noch zu Ende des 17. Jahrhunderts gaben Österreich und der Primas der ungarischen Lateiner diesem Verlangen nach und aus der ursprünglich erstrebten Einigung zweier Kirchen wurde der Übertritt bestimmter individueller rumänischer Kleriker und Laien auf die lateinische Seite.

Die Jesuiten hatten die Verhandlungen über die Union zwar einzuleiten, konnten die Union aber nicht abschließen, denn sie waren keine kirchliche Autorität der Lateiner. Dies blieb dem ungarischen Primas vorbehalten, damals Leopold Kardinal Kollonitz. Doch dieser vertrat ein Unionsverständnis, das in klarem Widerspruch stand zu jenem in den römischen

Anweisungen aus dem Jahr 1669, denn er gehörte zu jenen nachtridentinischen Prälaten, die nur gelten lassen wollten, was zu ihrer Zeit von den Lehrern der eigenen Kirche erkannt und anerkannt wurde. Er wollte die Rumänen voll und ganz hineinziehen in die nachtridentinische lateinische Kirche des anbrechenden 18. Jahrhunderts und verlangte vom rumänischen Bischof und von jedem einzelnen Kleriker des rumänischen Bistums das tridentinische Glaubensbekenntnis mit *filioque, purgatorium* und zahlreichen Klarstellungen zu rein innerabendländischen theologischen Fragen. Er verpflichtete das Bistum auch, den Katechismus des Petrus Canisius zu übernehmen, den er zu Beginn des 18. Jahrhunderts in rumänischer Übersetzung drucken und verteilen ließ, um Einheitlichkeit zwischen Lateinern und Unierten in der Katechese sicher zu stellen. Auch musste Bischof Atanasie in Wien unter Eid versprechen, alle Irrtümer auszumerzen, die *„in den mehreren Jahrhunderten, in denen wir ohne das Haupt der Kirche waren und unter dem türkischen Joch stöhnten, gegen die Konzilien und Kanones der Universalkirche auftauchten"*. Zudem musste er versichern, *„mit väterlichem und aufgeschlossenem Geist"* einen ihm an die Seite gestellten lateinischen Theologen und Ratgeber anzunehmen, *„ohne dessen Zugegensein ich keine Synoden feiern und keine Visitationen von Kirchen oder Pfarreien durchführen werde, und ohne dessen Zustimmung ich niemanden exkommunizieren oder Scheidungen aussprechen oder einen Laien oder einen Kleriker bestrafen werde, niemanden weihen und keinen zur Würde eines Protopopen erheben werde ... und dass ich schlussendlich in allen kirchlichen Angelegenheiten die heilsamen Ratschläge meines Theologen und Ratgebers annehmen und ihnen folgen werde"*. Dass jener „Theologe und Ratgeber" stets so entscheiden wird, wie es ihm seine abendländische Herkunft und Ausbildung eingeben werden, stand außer Zweifel und war von Kardinal Kollonitz auch gewünscht. Denn der Kardinal wollte die rumänische Kirche Siebenbürgens verpflichten, sich so schnell wie möglich umzugestalten; er machte die Absicht der Jesuiten zunichte, den Rumänen in römischem Auftrag auch als Unierten die Kontinuität ihrer Tradition zu belassen. Auch gab es 1701 bei Kollonitz keine Rücksichtnahme auf die Bestimmung des Florentinums, die Rechte der östlichen Hierarchen zu erhalten. Ohne mit den bisher zuständigen kirchlichen Obrigkeiten auch nur irgendwelche Verhandlungen geführt zu haben, bezog er das rumänische Bistum, das dem Herkommen gemäß zur walachischen Metropolie und zum Jurisdiktionsbereich des Patriarchen von Konstantinopel gehörte, einfach in das hierarchische Gefüge der römischen Kirche ein, indem er es sich selber als dem Primas von Ungarn unterstellte.

Kardinal Kollonitz tat noch ein Übriges. Er veranlasste den Wiener Kaiser Leopold I., alles, was ihm selber für die Union griechischer Christen mit der römischen Kirche wichtig erschien, durch Staatsgesetz ausdrücklich für erforderlich zu erklären, damit die Union in der Habsburgermonarchie anerkannt werde und die versprochenen sozialpolitischen Privilegien erteilt würden. Diesem Wunsch kam Kaiser Leopold am 19. 3. 1701 in der Tat nach. Zwar wurde seine Verfügung vom März 1701 von der römischen Kurie nie rechtsgültig übernommen[95], doch auch außerhalb Österreichs hat man das, was darin bestimmt ist, recht gern angenommen und ab dem 18. Jahrhundert wurde dies auch im Nahen Osten zur Grundlage für das Verständnis von einer Union orientalischer Christen mit Rom.

95 Vgl. den Kommentar zur kaiserlichen Verfügung bei Suttner: Quellen zur Geschichte der Kirchenunionen, S. 231 f.

Leopold I. war wirklich gewillt, durch seine Gesetzesbestimmungen vom März 1701 den Unierten in der Monarchie die gesetzliche Gleichberechtigung mit den lateinischen Katholiken zu sichern. Doch dies war damals nicht machbar, denn seine Position in Siebenbürgen war schwach. Nur im alten Siebenbürgen erlangten die Unierten schon in der ersten Hälfte des 18. Jahrhunderts eine Diözese eigenen Rechts. Aber darauf hatte nicht Wien, sondern Rom bestanden. Ansonsten waren in der Habsburgermonarchie die Bischöfe der Unierten nur Ritusvikare der lateinischen Ordinarien, wie die Einheitsregeln des 4. Laterankonzils solche vorgesehen hatten. Erst in den Tagen Maria Theresias und ihres Nachfolgers kam es diesbezüglich zu einer Besserung.[96] Nachdem nämlich durch die erste Teilung Polens von 1772 auch die Unierten Galiziens, die vollberechtigte Bistümer besaßen, zur Donaumonarchie gekommen waren, konnte Maria Theresia für alle Unierten im Reich Bistümer eigenen Rechts durchsetzen, und im Hofdekret vom 28. 6. 1773 verfügte sie für die Unierten auch den offiziellen Namen „griechisch-katholisch".[97] „Katholisch" sollten sie heißen, damit ihre Gleichrangigkeit mit den abendländischen Katholiken angezeigt werde, und die Bezeichnung „griechisch" betonte das kirchliche Erbe, dem sie sich gemeinsam verpflichtet wussten trotz der bei ihnen bestehenden Unterschiede in der Gottesdienst- und in der Umgangssprache sowie im religiösen und profanen Brauchtum.

96 Vgl. das Kapitel „Maria Theresia und die Unierten der Donaumonarchie" bei Suttner: Staaten und Kirchen in der Völkerwelt des östlichen Europa, S. 413 ff.
97 Der Wortlauf ihrer Verfügung findet sich im eben benannten Kapitel des Buches „Staaten und Kirchen".

Maria Theresias Nachfolger Josef II. fasste die damaligen Absichten in der österreichischen Religionspolitik zur Ritenfrage wie folgt zusammen: „*Da in Galizien die katholische Religion aus drey Ritibus besteht, nämlich aus dem lateinischen, dem griechisch- und armenischunierten, so ist besonders darauf zu sehen, dass diese drey Töchter einer Mutter in schwesterlicher Liebe leben … alle drey Ritus müssen im gleichen Ansehen erhalten und keinem der Vorrang vor beiden anderen, die ebenso ehrwürdig sind, gestattet werden …*"[98] Doch dies war damals nicht durchsetzbar, denn Papst Benedikt XIV. hatte vorher die Doktrin von einer „*praestantia ritus latini*" (von einer *besonderen Vorzüglichkeit des lateinischen Ritus*) verkündet. Zu einer Zeit, in der Europa in aller Welt als Maßstab und Vorbild für den Fortschritt der Menschheit gehalten wurde, hatte er damit ausgesprochen, dass für Orientalen der Übergang zum Lateinertum oder zumindest die größtmögliche Angleichung in Lehre, Frömmigkeit und Pastoral an das Vorbild der Lateiner – lediglich unter Beibehalt der herkömmlichen Rubriken für den Gottesdienstablauf – den Aufstieg zu einem höherwertigen Christ-Sein bedeute. Die Zeit systematischer Latinisierung der Unierten strebte ihrem Höhepunkt zu.[99]

12) Schließlich verhärtete sich im 18. Jahrhundert das wechselseitige Verhältnis zwischen Lateinern und Griechen extrem. Um die Grenze der Kirche des Herrn zu bestimmen, fragte man nahezu nur mehr nach den empirisch erkennbaren Zeichen der Kircheneinheit, das heißt: nach Übereinstim-

---

98 M. Harasiewicz: Annales Ecclesiae Ruthenae, S. 599 f.
99 Vgl. Suttner: Zum Thema „Latinisierung der Unierten", in: J. Marte – O. Turij (Hg.): Die Union von Brest (1596) in Geschichte und Geschichtsschreibung: Versuch einer Zwischenbilanz, Lviv 2008, S. 83–88.

mung in den katechetischen Lehrformeln bzw. in der Kirchenordnung. Über jede Verschiedenheit der sichtbaren Aspekte klagte man noch viel bitterer als ehedem, und das, wonach der Glaube hätte Ausschau halten müssen, sah und anerkannte man nur mehr auf der eigenen Seite, aber kaum oder sogar überhaupt nicht mehr, wenn man über „die anderen" nachdachte.

Die Lateiner versteiften sich auf die Ansicht, alle vom Heiligen Geist geleiteten Christen müssten in den wichtigen Dingen genau jene theologischen Lehrmeinungen, jene kirchliche Praxis, jene Frömmigkeit und jene Ergebenheit gegenüber dem Römischen Stuhl aufweisen wie die posttridentinische lateinische Kirche. Denn die Theologie war so tief gesunken, dass man die herkömmlichen katechetischen Formeln mit dem heiligen Glauben verwechselte und die eigenen Frömmigkeitswege für allgemein verpflichtend hielt. Wenn andere in Fragen des heiligen Glaubens und des kirchlichen Lebens etwas anderes dachten, sagten oder gar taten, meinte man, das geschehe, weil sie der auf römischer Seite erkannten heiligen Wahrheit nicht beipflichten wollten. Völlig abwegig wäre es jetzt den Lateinern vorgekommen, wenn einer ausgesprochen hätte, dass der Heilige Geist ihre Kirche vermittels einer anderen Kirchengemeinschaft über das belehren könnte, was sie selber nur ungenügend erkannte.

In dieser Haltung erließ die *Congregatio de Propaganda Fide* 1729 ein Dekret,[100] das in Hochachtung vor den zeitgenössischen abendländischen Predigt- und Frömmigkeitsweisen

100 Das Dekret ist zu finden bei Mansi: Sacrorum conciliorum nova et amplissima collectio, XLVI, S. 99–104. Im vollen lateinischen Wortlaut mit deutscher Übersetzung und mit Kommentar findet es sich auch bei Suttner: Quellen zur Geschichte der Kirchenunionen, S. 241–254.

gleichsam erstarrt war und die tiefste Empörung der römischen Kongregation über alles bezeugte, was sich in anderen Kirchengemeinschaften vom lateinischen Verhalten unterschied. Das Dekret untersagte in Osteuropa und im Nahen Osten[101] jegliche Gebets-, Gottesdienst- oder gar Sakramentengemeinschaft zwischen Christen, die dem Papst ergeben, und anderen Christen, die von ihm getrennt waren. Dafür legte es Begründungen vor, die verglichen mit den Aussagen des Florentinums und gemessen an der bis ins 17. Jahrhundert geübten kirchlichen Praxis grotesk anmuten. Denn das Dokument, das ausdrücklich daran festhielt, dass der Glaube der Katholiken *„die Substanz und den Wert der Sakramente“* bei den Schismatikern (des Ostens) anerkenne, verwies darauf, dass bei der Feier dieser (echten!) Sakramente von den Schismatikern Zeichen gesetzt werden, die von den bei Katholiken üblichen empirischen Zeichen für die Kirchlichkeit abweichen. Wenn nun Katholiken solchen Feiern beiwohnen, werde es ihnen verwehrt, Missbilligung und Absonderung zum Ausdruck zu bringen, die sie (NB: trotz der gläubig anerkannten Heiligkeit des Geschehens!) wegen der das gottesdienstliche Geschehen begleitenden schismatischen Zeichen eigentlich setzen müssten. Dem Papst verbundene Christen seien daher zu belehren, dass es eine Sünde sei, die nur im Bußsakrament vergeben werden kann, wenn sie trotz der Tatsache, dass ihnen das Unterlassen von Zeichen der Missbilligung und Absonderung abverlangt wird, an solchen Feiern teilnehmen.

In posttridentinischer Enge des Denkens schrieb die Kongregation 1729 ohne Rücksicht auf all das, was noch im 17. Jahr-

---

101 Dorthin war das Dekret gerichtet.

hundert gebräuchlich und von der römischen Kurie appro-
biert oder zumindest toleriert worden war, in den Osten:

*„Es soll also den einzelne Prälaten, Missionaren und Seelenfüh-
rern am Herzen liegen, die Gläubigen zu belehren und zu er-
muntern, die Gefahren zu vermeiden, von denen regelmäßig alle
oder einzelne bei der communicatio in divinis mit östlichen Häretikern und Schismatikern auftreten, die, wenn sie auch bisher
meistens Substanz und Wert der Sakramente bewahren, doch
nicht zulassen, dass die Katholiken die Zeichen von Missbilligung und Absonderung, die sie schulden, zum Ausdruck bringen. Daraus ergibt sich, dass jene äußere Übereinstimmung in
demselben Kult und die Ehrfurcht gegenüber falschen Dienern
der Liturgie einen Katholiken, sei er im Glauben auch noch so
fest gegründet und voller Abscheu gegenüber den häretischen und
schismatischen Riten, von denen ihr Kult befallen ist, dennoch
nicht von der Gefahr des Ärgernisses befreien kann. Das wird
auch dadurch umso mehr bestätigt, als bei den Andersgläubigen
kaum irgendein Ritus besteht, der nicht von irgendeinem Irrtum im Glauben befleckt ist: denn ihre Kirchen sind entweder
dem Gedenken an Schismatiker geweiht, die sie wie Heilige verehren, oder sie haben Ikonen oder verehren Reliquien oder feiern die Feste derer, die im Schisma gestorben, allgemein als Heilige angesehen werden, oder man kommemoriert lebende
schismatische und häretische Patriarchen und Bischöfe, die als
‚Prediger des katholischen Glaubens‘ empfohlen werden … (und)
jene, die den Funktionen von Häretikern und Schismatikern
beiwohnen, machen hinreichend deutlich, dass sie mit ihnen
übereinstimmen in Einheit des Gebetes, der Häresie und des
Schismas … Dies ist vollinhaltlich den Gläubigen zu vermit-
teln, und deshalb erlegt diese hl. Kongregation allen Prälaten,
Missionaren und den einzelnen Seelenführern im Osten ernst-
lich auf, einmütig in diesem Sinn zu sprechen und in dieser Auf-*

fassung zu verbleiben und nicht das Gegenteil zu lehren, weder als Ratschlag noch als Dispens: sie sollten in dieser Sache die Gläubigen vielmehr ermahnen, sich von der communicatio in divinis mit Häretikern und Schismatikern vollständig fernzu-halten, und, wenn sie von dieser Regel einmal abgewichen seien, sie ermahnen und belehren, dies als Sünde im Sakrament der Buße zu bekennen, um Verzeihung von Gott zu erlangen und in Hinkunft vorsichtiger zu verfahren."

Das Dekret von 1729 war keine dogmatische Entscheidung und kam nicht vom Papst selber, sondern von einer Behörde der Kurie. Aber es zerschnitt das Tischtuch zwischen Grie-chen und Lateinern gründlicher, als dies die Exkommunika-tionsbullen von 1054 zu tun vermochten. Denn 1054 waren in einem Augenblick aufwallender Gemüter von Vertretern der Lateiner und der Griechen einzelne Persönlichkeiten der jeweils anderen Seite angegriffen worden. Weil die Angriffe unfair waren und es sich um hochgestellte Persönlichkeiten handelte, wurden sie bitter empfunden und haben sich im Gedenken der Kirchen schwer ausgewirkt. 1729 stellte sich die römische Kurie in einem Dokument, das nach langem innerkatholischem Streit und in vielen Beratungen erarbei-tet worden war[102], auf die Seite derer, welche die Gottwohl-gefälligkeit der Sakramente der Griechen und ihre Kirchlich-keit bezweifelten. 1054 war es um einzelne Personen gegangen; ihnen wurde Unrecht angetan. 1729 ging es um die Würde der griechischen Kirchen und ihrer Sakramente insgesamt; diese wurden ausdrücklich in Zweifel gezogen.

102 Zu dem langen Streit vgl. das Kapitel „Die Haltung Roms zur gottes-
     dienstlichen Gemeinschaft mit den getrennten Ostkirchen" bei W.
     de Vries: Rom und die Patriarchate des Ostens, Freiburg 1963,
     S. 374–392.

Um dieselbe Zeit kam es auch auf griechischer Seite zu einer neuen Haltung, die sich ausbreitete im Gefolge einer Reform der Theologie, welche aus einer Schulreform erwuchs, die Patriarch Dositheos von Jerusalem, ein Zeitgenosse von Leopold Kardinal Kollonitz, initiiert hatte.[103] Ihm erschien die neue posttridentinische Enge seiner lateinischen Zeitgenossen als lobenswerte Treue zu ihrer Kirche und er wollte die Theologie in den griechischen Kirchen in vergleichbarem Ausmaß zu unwandelbarer Treue dem gegenüber führen, was er für die griechische Tradition hielt. Einerseits in einem konsequenten Abwehrkampf gegen alle griechischen Theologen, die nach seinem Urteil mit dem (von ihm für einen Ketzer gehaltenen) ehemaligen Konstantinopeler Patriarchen Kyrill Lukaris[104] in Beziehung gebracht werden konnten und andererseits durch entschiedene Gegnerschaft zu den Lateinern verursachte er für die Zeit nach ihm Einheitlichkeit auch in der Theologie der Griechen.

Die von ihm „erneuerte" Theologie wurde hinsichtlich der Taufe nach kurzer Zeit noch enger, als ihr Präzeptor Dositheos es selber veranlasst hatte. Denn Eustratios Argentes (1685/90–1756/60) stellte in den 50er Jahren des 18. Jahrhunderts in einem Enchiridion über die Taufe[105] die Behauptung auf, die westlichen Christen seien nicht einmal gewillt, die Taufe der Kirche zu spenden. T. Ware stellt die Lehre von der Taufe des Eustratios wie folgt dar: *„Die Verderbnis, der er*

---

103 Zur Schulreform und zu Patriarch Dositheos vgl. Suttner: Staaten und Kirchen in der Völkerwelt des östlichen Europa, S. 163–175, und ders.: Kirche und Theologie bei den Rumänen, S. 96 ff.

104 Zu ihm vgl. G. Podskalskij: Griechische Theologie in der Zeit der Türkenherrschaft, München 1988, S. 162–180.

105 Über das Enchiridion informiert T. Ware: Eustratios Argenti. A Study of the Greek Church under Turkish Rule, Oxford 1964, S. 70–78.

die größte Aufmerksamkeit zuwendet, ist ... das Unterbleiben
des Untertauchens. Einige orthodoxe Kontroverstheologen legten
besonderen Akzent auf die dreimalige Wiederholung des Unter-
tauchens, doch Argentes besteht nicht auf der Anzahl der Tauch-
akte, sondern auf der Tatsache des Untertauchens an sich; er sagt
auch nichts über den Wortlaut der Formel, die beim lateinischen
Taufritus Verwendung findet und von anderen Orthodoxen
ebenfalls angegriffen wurde. Sich also auf die Frage des Unter-
tauchens alleine beschränkend, beweist er die Notwendigkeit mit
drei Gründen: mit 1) einem philologischen (der Bedeutung des
Wortes ,baptizma'), 2) einem theologischen (dem Symbolismus
des Sakraments), 3) einem historischen (der Praxis der Kirche)."
Als Ergebnis der Prüfung bezüglich der drei Punkte kam Argentes zu dem Ergebnis: *„Eine Taufe ohne Untertauchen ist*
keine Taufe.[106]*"* Das Fehlen des Untertauchens bei der Taufe

106 Etwa 100 Jahre früher hatte Patriarch Kyrill Kontaris vom seinerzeit
 allgemein anerkannten Gelehrten und Theologen Georgios Koressios
 ein Gutachten erstellen lassen, ob es nötig sei, die Häretiker – da waren die Protestanten gemeint – zu taufen. Das Gutachten befür-
 wortete die Anerkennung der in den Reformationskirchen erteilten
 Taufen. (Vgl. Georgiou Koresiou: Iatrou kai Theologou tes M. Ekkle-
 sias tou Christou, ei chre ton hairetikon anabaptizesthai erotetheis
 hypo tou Patriarchiou Konstantinoupoleos, in: Nea Sion 9 [1905]
 S. 115–121.) Koressios hatte die Verschiedenheit der Taufpraxis in
 Ost und West (Untertauchen oder Übergießen) ausdrücklich ange-
 sprochen. Aus seinen Worten ergibt sich, dass den Griechen des
 17. Jahrhunderts ein anderes philologisches Verständnis von der
 Wurzel des Wortes „baptizma" geläufig war. Während nämlich Argentes und andere Griechen seines Jahrhunderts festhalten, dass abgesehen von allen theologischen und historischen Gründen allein
 schon das Wort „baptizma" das Untertauchen erforderlich mache,
 weil die Wortbedeutung unweigerlich ein Tauchbad verlange, bestand für den Griechen Koressios, der über ein Jahrhundert vor Argentes lebte, keine Notwendigkeit, bei „baptizma" zwangsläufig an
 ein Untertauchen zu denken. Engen Polemikern gegenüber meinte er

erschien ihm von solchem Gewicht, dass er schreiben konnte: *„Ein Herr, ein Glaube, eine Taufe, sagt der Apostel; und die apostolische Kirche lehrt uns,* **eine** *Taufe zur Vergebung der Sünden zu bekennen; wenn die Taufe also eine ist, folgt, dass entweder die Taufe der katholischen[107] und östlichen Kirche richtig ist oder aber die andere Taufe des Westens; da die beiden nicht eins sind, denn sie haben keine Beziehung und Ähnlichkeit zueinander, muss also eine von den beiden verworfen werden."*[108] Es blieb dem 18. Jahrhundert vorbehalten, die Kritik am Taufvollzug durch Übergießen, die auch früher wiederholt angemeldet worden war, so zu steigern, dass man neuerdings Untertauchen und Übergießen als Spalten der Taufe interpretierte.

Um die Jahrhundertmitte predigte in der Gegend von Konstantinopel ein Mönch namens Auxentios, der im Ruf eines Sehers und Wundertäters stand, wer nur durch Übergießen getauft wurde, müsse erneut getauft werden, um Christ zu sein, und nach schweren Auseinandersetzungen in Konstantinopel[109] erklärten im Juli 1755 die Patriarchen von Konstantinopel, Alexandrien und Jerusalem gemeinsam:

---

spöttisch: „Und wenn die Apostel an einem Tag dreitausend und am folgenden Tag fünftausend Erwachsene tauften, wie hätten sie diese durch Untertauchen und Herauskommen taufen sollen …?" Er verwies ganz einfach darauf, dass sie in Jerusalem vergeblich nach der dafür erforderlichen Wassermenge gesucht hätten.

107 Um diese Aussage zu verstehen, übersehe man nicht, dass griechische Theologen die Adjektive, die im *Nicaeno-Constantinopolitanum* der Kirche beigelegt sind, also auch das Eigenschaftswort „katholisch", entschieden ihrer eigenen Kirche zuschreiben.

108 Zitat nach T. Ware, S. 96.

109 Vgl. A. Wittig: Zur Auseinandersetzung um die (Wieder-)Taufe, in: Ostk. Stud. 34 (1985) S. 29–32.

„Wir,

*die durch Gottes Erbarmen in der rechtgläubigen Kirche auf-
wuchsen,*

die den Kanones der hl. Apostel und Väter gehorchen,

*die nur die eine, unsere heilige, katholische und apostolische Kir-
che anerkennen,*

die ihre Sakramente, folglich auch die hl. Taufe annehmen,

*die aber die Sakramente der Häretiker, welche nicht vollzogen
werden, wie es der Heilige Geist den Aposteln auftrug und wie
es die Kirche Christi bis auf den heutigen Tag hält, sondern Er-
findungen verderbter Menschen sind, für verkehrt und der gesamten apostolischen Über lieferung fremd ansehen,*

wir verwerfen diese in gemeinsamem Beschluss,

*und die Konvertiten, die zu uns kommen, nehmen wir auf als
Ungeheiligte und Ungetaufte ....“*[110]

Indem die Patriarchen die Lateiner „Ungeheiligte und Ungetaufte" nannten, erklärten sie deren sakramentale Riten für
leere Zeremonien, die keine Gaben des Heiligen Geistes ver-
mitteln. Ortsgemeinden, in denen keine wirklichen Sakramente zur Heiligung der Gläubigen, sondern nur leere Feiern vollzogen werden, sind nicht die Kirche Christi. Im

---

110   Zur Angelegenheit vgl. Mansi: XXXVIII, S. 575–634: Synodi Cons-
      tantinopolitani de iterando baptismo a Latinis collato 1755 a mense
      ianuario ad iulium; sowie: A. Palmieri: La rebaptisation des latins
      chez les Grecs, in: Revue de l'Orient chrétien 7 (1902) S. 618–646; 8
      (1903) S. 111–132; Suttner: Die eine Taufe zur Vergebung der Sün-
      den. Zur Anerkennung der Taufe westlicher Christen durch die or-
      thodoxe Kirche im Lauf der Geschichte, in: Anzeiger der Österr.
      Akademie der Wissenschaften, philosophisch-historische Klasse 127
      (1990) S. 1–46 (Abdruck bei Rappert [Hg.]: Kirche in einer zueinan-
      der rückenden Welt, Würzburg 2003). Das Patriarchat von Antio-
      chien, das 1755 an der Beschlussfassung nicht beteiligt war, schloss
      sich ihr kurze Zeit später ausdrücklich an.

Patriarchenbeschluss von 1755 wird also die Kirchlichkeit der Lateiner glattweg geleugnet. Bis 1755 hatte es keine vergleichbar harte amtliche Verurteilung der lateinischen Kirche durch die griechischen Kirchen gegeben, und überhaupt nie ist es zu einer ebenso uneingeschränkten amtlichen Verwerfung der griechischen durch die lateinische Kirche gekommen.

Der Patriarchenbeschluss von 1755 wurde in den Kirchen griechischer Tradition nicht allgemein rezipiert.[111] Die Russische Orthodoxe Kirche widersetzte sich von Anfang an und als in den neuen südosteuropäischen Nationalstaaten orthodoxe Autokephalien eingerichtet waren, folgte ihre Mehrzahl dem russischen Beispiel. Zudem ergibt sich, dass auch eine breite Mehrheit von Priestern und Gläubigen jener Patriarchate, deren Oberhäupter den Beschluss von 1755 fassten, nicht aufhörten, die Lateiner als getaufte Christen, die katholischen Bischöfe, Priester und Diakone als geweihte kirchliche Amtsträger und die Eucharistiefeier der Lateiner als die Feier des eucharistischen Opfers zu respektieren. Trotz der äußerst fraglichen Rezeption des Beschlusses von 1755 wirkte er sich aber mindestens ebenso verheerend auf das seitherige wechselseitige Verhältnis zwischen Lateinern und Griechen aus wie das Dekret der römischen Kurie von 1729.

Durch die Dokumente von 1729 und 1755 erklärten sowohl die Lateiner als auch die Griechen ihre Glaubensgemeinschaft zur alleinseligmachenden Kirche. Wer getrennt ist von der alleinseligmachenden Kirche, gehört im Sinn des Evangeliums zu den „verlorenen Schafen", und auf den Klerikern der alleinseligmachenden Kirche liegt die schwere Gewissens-

---

111 Ausführlich dokumentiert wurde dies im eben benannten Aufsatz von Suttner über die eine Taufe zur Vergebung der Sünden (auf den S. 282 ff im Abdruck aus dem Jahr 2003).

pflicht, ihnen als „gute Hirten" nachzugehen und sie zur Rettung ihrer Seelen baldigst „heimzuholen". Darum bedeutete in der Folgezeit „Schismen bereinigen" für Lateiner und Griechen dasselbe wie „die verlorenen Schafe zurückholen". Nicht wenige Kleriker und Gläubige beider Seiten sahen kaum noch einen Unterschied zwischen dem Missionsauftrag der Kirche bei den Ungetauften und der Verpflichtung, um die „Rückkehr der Schismatiker" missionarische Sorge zu tragen.

Dies führte dazu, dass für eine gewisse Zeit das Vorbereiten und Fördern von Unionen wie auch ihre Unterdrückung und der Widerstand gegen sie nahezu als Konkurrenzkampf zwischen Katholiken und Orthodoxen erschienen. Eine Periode begann, in der seeleneifrige Kleriker meinten, aus Liebe und Sorge um die von ihnen getrennten Menschen alles daransetzen zu müssen, um ganze Bistümer oder Pfarreien der „irrigen Christen" zum Übertritt in ihre Kirche zu bewegen bzw., wenn sie die „andersgläubigen Gemeinschaften" nicht als ganze gewinnen konnten, bei den „irrigen Christen" wenigstens um Einzelkonversionen zu werben, weil sie es nicht mehr für möglich hielten, dass die Gläubigen der jeweils anderen Seite in ihrer Gemeinschaft zum Heil fänden.[112]

Weil die römischen Behörden es somit aus Gründen, die ihnen als geistlich erschienen waren, für dringlich erforderlich hielten, sich für einen möglichst großen Zustrom zu den unierten Kirchen einzusetzen und für alle „zur wahren Kirche Zurückgeführten" die Freiheit zu sichern, dass sie ungestört als Unierte leben konnten, hielten sie es wegen der religionspolitischen Ordnung im Osmanenreich für notwendig, eigene unierte Hierarchien – Gegenhierar-

---

112 Vgl. den Abschnitt „Neue Unionen zum Heimholen verirrter Schafe" bei Suttner: Die Christenheit aus Ost und West auf der Suche nach dem sichtbaren Ausdruck für ihre Einheit, S. 220 ff.

chien zu den im Vorderen Orient bestehenden Hierarchien – für sie zu errichten.[113] Eine ebensolche Gewissens-
pflicht zur Sorge für die zu Unierten gewordenen
„verlorenen Schafe" verspürten viele orthodoxe Bischöfe
und Priester und hielten sich für verpflichtet, alles zu tun,
um deren „Heimführung" zu erreichen. Nicht selten tru-
gen orthodoxe kirchliche Kreise sogar intensivere Sorge
um die „Heimführung der Unierten" als um die Mission
bei Nichtchristen.

Untergegangen war durch die Dokumente von 1729 und 1755
auf beiden Seiten die Anerkennung für die Souveränität des
Heiligen Geistes. Denn auf beiden Seiten meinte man jetzt,
der Heilige Geist könne seine Gaben nur in einer Weise verteilen, die alle Empfänger nach dem Vorbild der Gläubigen
der eigenen Kirche gestalte. Aus Schwesterkirchen, die einmal zueinander Communio besaßen, dann Jahrhunderte hin-
durch einander als *Lateiner und Griechen* misstrauisch beäug-
ten, im 15. Jahrhundert noch miteinander Konzil feierten,
einander im großen und ganzen über die Jahrhunderte hinweg respektierten und auch geistlich förderten, was bis ins
17. Jahrhundert noch Aushilfe beim pastoralen Dienst und

---

113 Für Details zu diesen Vorgängen und für die Gründe, weshalb die
     religionspolitische Ordnung im Osmanenreich dies erforderlich
     machte, vgl. den Abschnitt „Zielstrebiger Aufbau mit Rom unierter
     östlicher Kirchengemeinden und Errichtung katholischer Hierar-
     chien in islamischen Herrschaftsgebieten zum Schutz der bürgerli-
     chen Rechte und der Gewissensfreiheit für die Konvertiten" bei Sutt-
     ner: Die Christenheit aus Ost und West auf der Suche nach dem
     sichtbaren Ausdruck für ihre Einheit, S. 202 ff. Um aber nicht auf
     vorschnelle Verallgemeinerungen hereinzufallen, soll man sich vor
     Augen halten, dass nur im Nahen Osten unierte Gegenhierarchien
     entstanden; nach der Brester Union und nach der Union in Sieben-
     bürgen wurden nicht die Bischöfe für die Unierten, sondern jene für
     die Nichtunierten als Gegenbischöfe geweiht.

sogar beim Erteilen des Weihesakraments umfasste, war im 18. Jahrhundert das geworden, was gegenwärtig verstanden wird unter den Begriffen *Katholiken* und *Orthodoxe*. Erst seit dem 18. Jahrhundert (und keineswegs vorher!) gibt es zwei klar voneinander geschiedene Konfessionen, die uneingeschränkt von sich behaupten, im heiligen Glauben voneinander geschieden zu sein, und zusammenfassend lässt sich sagen: Das Gewicht der Tiefe des Schismas zwischen Lateinern und Griechen, von dem unsere neuere Konfessionskunde im Regelfall ausgeht, wurde weder unter Photios erlangt, noch 1054 noch 1204, sondern erst durch die Dokumente von 1729 und 1755.

Wie also ist – angesichts des erst jungen Wandels in der Sichtweise von den Grenzen der Kirche – das Schisma wirklich zu beurteilen? Um die Überwindung einer Trennung welchen Gewichts mühten sich Patriarch Athenagoras und Papst Paul VI. bei ihrer Begegnung in Jerusalem und was hat die Gemeinsame Internationale Kommission für den theologischen Dialog zwischen der Katholischen und der Orthodoxen Kirche zu erstreben, die 1980 ihre Arbeit aufnahm? Welches ist die angemessene Diagnose von den Ursachen der Spaltung, die es zu heilen gilt? Was ist folglich zu tun, damit die Communio wieder auflebt?

13) Die schärfste Form, in der in einem amtlichen Lehrdokument der Katholiken je die Auffassung ausgesprochen wurde, dass bei der Suche nach den Grenzen der Kirche die sichtbaren Merkmale der Kircheneinheit im Vordergrund zu stehen hätten, liegt vor in der Enzyklika *Mystici corporis*[114] vom 22. Juni 1943 des Papstes Pius XII. Dort heißt es:

114 AAS 25 (1943) S. 193–248; deutsche Übersetzung in: H. Schäufele: Unsere Kirche, Heidelberg 1946.

„Den Gliedern der Kirche sind nur jene in Wahrheit zuzuzäh-
len, die das Bad der Wiedergeburt empfingen, sich zum wahren
Glauben bekennen und sich weder selbst zu ihrem Unsegen vom
Zusammenhang des Leibes getrennt haben noch wegen schwerer
Verstöße durch die rechtmäßige kirchliche Obrigkeit davon aus-
geschlossen worden sind … Aus diesem Grunde können die, wel-
che im Glauben oder in der Leitung voneinander getrennt sind,
nicht in diesem einen Leib und aus seinem einen göttlichen Geiste
leben.“

Die Darlegung wurde in der katholischen Kirche nicht mit
dem vom Papst erhofften gläubigen Gehorsam rezipiert.[115]
Darum schrieb Pius XII. wenige Jahre später in der Enzyklika *Humani generis*[116] vom 12. August 1950:

„Einige halten sich nicht gebunden an die vor einigen Jahren in
einem Rundschreiben erklärte Lehre, die sich auf die Quellen
der Offenbarung stützt und erklärt, dass der geheimnisvolle Leib
Christi und die Ecclesia Catholica Romana ein und dasselbe
sind.“

Doch nach kurzer Zeit, bereits am 11. Sept. 1965, stellte das
II. Vatikanische Konzil in Art. 15 des Dekrets *Unitatis redin-*
tegratio klar, dass sich in den östlichen Einzelkirchen durch
die Feier der Eucharistie die Kirche Gottes aufbaut und he-
ranwächst. Es dokumentierte, dass sich die Gesamtheit der
katholischen Kirche für nicht gebunden hält an die zitierten
päpstlichen Aussagen in *Mystici corporis* und *Humani gene-*

---

115 Mit einer Entschiedenheit allerdings, die bis zur Martyriumsbereit-
schaft ging, wurde sie in der Stalinzeit in den mit Rom unierten Kirchen Ost- und Südosteuropas rezipiert; vgl. die einschlägige Schilderung in Teil IV „Die Unterdrückung der Kirchen in totalitären
Staaten des 20. Jahrhunderts“ bei Suttner: Quellen zur Geschichte
der Kirchenunionen des 16.–18. Jahrhunderts, S. 258 ff.

116 AAS 42 (1950) S. 561–578; deutsche Übersetzung in: Herderkorres-
pondenz 5 (1950/51) S. 25–31.

ris. Im Dokument *Dominus Jesus* der römischen Glaubenskongregation vom 6. August 2000, das die Unterschrift Kard. Ratzingers, des damaligen Vorsitzenden der Kongregation, trägt, wird die empirisch feststellbare Bezogenheit auf den Papst ausdrücklich der im Glauben zu erfassenden Wirklichkeit der heiligen Sakramente nachgeordnet:

„Die Kirchen, die zwar nicht in vollkommener Gemeinschaft mit der katholischen Kirche stehen, aber durch engste Bande, wie die apostolische Sukzession und die gültige Eucharistie, mit ihr verbunden bleiben, sind echte Teilkirchen. Deshalb ist die Kirche Christi auch in diesen Kirchen gegenwärtig und wirksam, obwohl ihnen die volle Gemeinschaft mit der katholischen Kirche fehlt, insofern sie die katholische Lehre vom Primat nicht annehmen, den der Bischof von Rom nach Gottes Willen objektiv innehat und über die ganze Kirche ausübt."[117]

Da also feststeht, dass die orthodoxen Glaubensgemeinschaften ebenfalls Kirche Christi sind, müssen auch sie nach den Grundsätzen der Ekklesiologie anerkannt werden als vom Heiligen Geist zur unfehlbaren Lehrerin der Wahrheit berufen. Als heilige Kirchen Christi können auch sie dank Seines Wirkens die Gläubigen auf die heilige Wahrheit zuführen, obgleich ihre katechetischen Formeln sich von jenen der Katholiken in einzelnen Punkten unterscheiden mögen. Wenn jemand, der dem II. Vatikanischen Konzil bei der Bestimmung der Kirchengrenzen folgt, dennoch erwägt, dass orthodoxe Kirchen vielleicht häretisch seien und die Menschen vom Ziel wegführen, hegt er Zweifel, die jener Lästerung gegen den Heiligen Geist zugerechnet werden müssen, von der Mt 3,29 aussagt, dass sie nicht vergeben werde. Denn wer sich einer solchen Vermutung vermisst, würde, wie es oben

---

117 Art. 17 der Erklärung *Dominus Jesus,* in: Acta Apostolicae Sedis 92 (2000) S. 742–765.

bezüglich des entscheidenden Arguments für die Väter des Florentiner Konzils hieß, *„den Heiligen Geist zu sich selbst in Widerspruch setzen".*[118]

Unfehlbarkeit der Kirche bedeutet nicht, dass sie die Fülle der Wahrheit aussprechen und alle Umwege vermeiden könnte. Eine solche Vollendung wurde den irdischen Kirchen nicht gewährt, denn nach dem hl. Paulus gilt: *„Stückwerk ist unser Erkennen, Stückwerk unser prophetisches Reden, und erst wenn das Vollendete kommt, wird das Stückwerk vergehen"* (1 Kor 13,9–10). Auch widerspräche eine solche Fülle von Wissen der Grundordnung, dass die Kirchen einander zur volleren Erkenntnis der heiligen Mysterien verhelfen sollen.

Unfehlbarkeit der Kirche heißt, dass sie sich dank Wirkens des Heiligen Geistes nicht abkehrt von der heiligen Wahrheit, sondern stets auf sie zugeht; dass sie einen zweifellos gültigen Teilanblick der Wahrheit erlangt.

Ihr Teilanblick von der heiligen Wahrheit ist gültig, doch ihre Einsicht bleibt von Ungenügen gekennzeichnet und bedarf steter Verbesserung, denn *„ecclesia semper est reformanda".* Dies gilt gleichermaßen von allen Kirchen, von der Kirche der Lateiner, wie von jener der Griechen, der Syrer, der Armenier, der Kopten, der Äthiopier usw. Für eine jede von ihnen bleibt es ein schwerer Verstoß, wenn sie eine andere Gemeinschaft Kirche Christi nennt und trotzdem in Erwägung zieht, dass sie häretisch sein könnte.

14) 1982 erstellte die Gemeinsame Internationale Kommission für den theologischen Dialog zwischen der Katholischen und der Orthodoxen Kirche erstmals seit dem Florentium

---

118 Dasselbe gilt auch von den altorientalischen Kirchen, denn auch sie sind „mit der katholischen Kirche durch engste Bande wie die apostolische Sukzession und die gültige Eucharistie verbunden".

wieder ein amtliches gemeinsames Glaubensdokument für Lateiner und Griechen.[119] Darin wird als auf das entscheidende Merkmal des Kirche-Seins, ebenso wie vom II. Vatikanischen Konzil, auf die apostolische Sukzession und die durch sakramental bestellte Priester gefeierte Eucharistie verwiesen.

Die orthodoxen Kirchen schienen auf dem Weg zu sein, sich für ein Dokument auszusprechen, welches die Nicht-Rezeption des Patriarchenbeschlusses von 1755 ebenso aktenkundig dokumentiert hätte, wie die katholische Kirche es auf dem II. Vatikanischen Konzil mit den Aussagen von Pius XII. aus den Jahren 1943 und 1950 hielt. Doch dies wurde wieder in Frage gestellt, als 1993 während der Sitzung derselben Kommission in Baltimore von orthodoxer Seite das Ansinnen gestellt wurde, nur die Lateiner und die Orthodoxen, nicht aber die Unierten als Kirchen anzuerkennen, obgleich auch bei den Unierten die apostolische Sukzession und die Fülle des sakramentalen Lebens nicht bezweifelt werden. Doch die katholischen Kommissionsmitglieder weigerten sich, dem Münchener Dokument eine gemeinsame Absage mit den Orthodoxen zusammen zu erteilen. So musste die Arbeit der Dialogkommission nach dem Treffen von Baltimore sogar unterbrochen werden.

Es gibt daher noch immer keinen Weg für Lateiner und Griechen, auf dem sie zu einer übereinstimmenden Antwort auf die Frage fänden, wo auf Erden jene Kirche zu finden ist, die in ihrem gemeinsamen Glaubensbekenntnis die eine und heilige heißt.

119 „Das Geheimnis der Kirche und der Eucharistie im Licht des Geheimnisses der Heiligen Dreifaltigkeit", verabschiedet von der 2. Vollversammlung in München, 30.6.–6.7.1982, deutsch in: Una Sancta 37 (1982) S. 334–340.

III. Wir verwerfen die Methode des Uniatismus als Methode bei der Suche nach der Einheit, weil sie der gemeinsamen Überlieferung unserer Kirchen widerspricht; doch was die katholischen Ostkirchen angeht, ist es klar, dass sie als Teil der katholischen Gemeinschaft das Recht haben, zu existieren und zu handeln, wie es den geistlichen Bedürfnissen ihrer Gläubigen entspricht

Die Überschrift folgt dem Wortlaut der Absätze 2 und 3 im 1988 verabschiedeten Dokument von Balamand der gemeinsamen Kommission für den theologischen Dialog zwischen der Katholischen und der Orthodoxen Kirche.[120] Davor hatte

---

120 Deutsche Übersetzung des Dokuments in: Una Sancta 48 (1993) S. 256–264; eine Einführung in das Dokument, vorgetragen auf einer Informationsveranstaltung der Wiener Stiftung Pro Oriente: Suttner: Das Dokument der kath.-orth. Dialogkommission von Balamand mit der Überschrift: „Der Uniatismus – eine überholte Unionsmethode – und die derzeitige Suche nach der vollen Gemeinschaft", (derzeit in Druck).

Absatz 1 erläutert, dass *„auf Verlangen der Orthodoxen Kirche der normale Fortgang des theologischen Dialogs mit der Katholischen Kirche unterbrochen (wurde), um unmittelbar die Frage des Uniatismus anzugehen".* Diese Erläuterung verweist auf die damaligen außergewöhnlichen Spannungen zwischen den Dialogparteien, die bedingt waren durch schwere Wirren in der Ukraine und in Rumänien; sie begleiteten dort die Legalisierung der unierten Kirchen, welche seit Jahrzehnten zu einem Leben im Untergrund gezwungen waren.

Auf orthodoxer und auf katholischer Seite hatte es seit längerem Kreise gegeben, die meinten, die Lösung der Probleme, welche aus Fehlern beim Abschließen von Kirchenunionen in nachtridentinischer Zeit erwachsen waren, ergäbe sich am einfachsten, wenn man letztendlich sowohl die existierenden als auch die unterdrückten und aus staatlicher Sicht sowieso schon nicht mehr existierenden unierten Kirchen negativ einstufe und beseitige. Dies kam jedoch für ein ekklesiologisches Überdenken der Angelegenheit nicht in Frage, denn es hätte bedeutet, sich anzumaßen, dass man beseitige, was Gottes Gnade im Untergrund am Leben erhielt. Es galt vielmehr, sich Gamaliels Ratschlags in Apg 5,34 ff zu erinnern, und es bedurfte nüchternen Erwägens, was an den Unionen negativ zu qualifizieren ist, was also wirklich die (negativ gemeinte) Qualifizierung als *Uniatismus* verdient und zu vermeiden ist. Auch war Rücksicht zu nehmen auf vielfältige Implikationen betreffs der Religionsfreiheit, damit nicht auch die Kirchen nach dem schweren, vom Stalinismus verübten Terror weiteres Unheil verursachen.

Weil die außerordentlichen Wirren, die am Ende der 80er Jahre ausbrachen, in kürzester Zeit einen erschreckenden Höhepunkt erreichten, wünschte die Orthodoxe Kirche den Wechsel der Dialogsthematik. Doch unter dem Druck der

Aktualitäten fehlten in der Kommission Gelassenheit und Ruhe; die Vorbereitung und die Verabschiedung des Dokuments von Balamand hatten in allzu großer Eile zu erfolgen. Für eine ausgewogene systematisch-theologische Abklärung der brisanten Fragen und für ein klares ekklesiologisches Umschreiben der negativen Aspekte bei den geschichtlichen Vorgängen im 16.–19. Jahrhundert fehlte die nötige Zeit. Je eine grundsätzliche Einsicht konnten die Delegierten beider Seiten allerdings in die Einleitung des Dokuments einbringen: Zum ersten Mal in der Kirchengeschichte wurde durch amtliche orthodoxe Vertreter in einem wichtigen Dokument für die mit Rom unierten östlichen Kirchen das Existenzrecht und ein Anrecht auf pastorales Wirken anerkannt, und die Katholiken räumten ausdrücklich und ebenfalls zum ersten Mal in einem amtlichen Text ein, dass es beim Ins-Leben-Rufen von unierten Kirchen zu schweren Fehlern kam.

Unbestritten war in der Kommission, dass es für die Christenheit nach Spaltungen Pflicht ist, nach dem Wiedererlangen der verlorenen Einheit, das heißt nach Einigung (= nach Union) zu streben. Das Dokument spricht auch anerkennend davon, dass im Lauf der Kirchengeschichte mehrfach und auf vielerlei Verfahrensweisen versucht wurde, die Einheit der Kirche zurückzuerlangen; es erkennt an, dass selbst beim Vorbereiten jener Unionen, bei denen es zum verderblichen Uniatismus kam, zunächst der aufrichtige Wille vorgelegen hatte, dem Gebot des Herrn treu zu sein, *dass alle eins seien.*

Bekanntlich weiß die Kirchengeschichte von segensreichen Fällen gelungener Einigung. Zum Beispiel erneuerten bald nach dem Konzil von Ephesus, das 431 in unwürdiger Weise gefeiert worden war, die Erzbischöfe von Antiochien und Alexandrien zur Freude für die Christenheit unverzüglich wieder den Kirchenfrieden. Höchst erfreulich war auch, dass 589 auf der

3. Synode von Toledo die nizänische Kirche Spaniens mit der nichtnizänischen Kirche der Goten eine bleibende Union einging. Auch Unionen gab es, die nur eine Zeitlang dauerten, weil außer dem Auftrag Christi allzu viele weltliche Gründe an ihnen mitwirkten. Im vorangegangenen Teil der vorliegenden Ausarbeitung war verschiedentlich von solchen Unionen die Rede. Solange sie bestanden, hatten auch sie Applaus gefunden; doch sie gingen wieder verloren. Und schließlich ist auch die Dialogkommission, die den Uniatismus verurteilte, auf Union zwischen den noch durch Schismen getrennten Kirchen bedacht. Doch leider ist einzugestehen, dass immer dann, wenn es zu dem kam, was Uniatismus genannt werden muss, die Einheit zwischen den Kirchen des Ostens und des Westens nicht nur nicht erreicht werden konnte, sondern dass dann die Spaltung weiter vergiftet wurde.

Es kann aber nicht angehen, dass sich Extremisten auf die Verurteilung des Uniatismus im Dokument von Balamand berufen, wenn sie die bestehenden unierten Kirchen in Bausch und Bogen verwerfen wollen. Denn nicht jede Union getrennter Kirchen wird im Dokument von Balamand angefochten, wie es verblendete und nur von negativen Ereignissen redende Kontroverstheologen gelegentlich tun. Die Dialogkommission verurteilte nach eigener Aussage nur jenen Uniatismus, der der gemeinsamen Überlieferung unserer Kirchen widerspricht. Sie meinte damit das Hinarbeiten auf einen Anschluss von Orientalen an die Kirche der Lateiner bzw. auf einen Anschluss von Unierten oder Lateinern an die orthodoxe Kirche, weil diejenigen, die diesen Anschluss herbeiführen wollten, meinten, dass die Christen, um die sie sich bemühten, „verlorene Schafe" seien, solange sie in ihrer bisherigen Gemeinschaft verharren, und dass für sie nur nach dem Übertritt Hoffnung bestehe auf das ewige Heil.

Verwerflicher Uniatismus ist es, wenn Katholiken oder Orthodoxe zum Abschluss einer Union mit ihrer Kirche einladen, weil sie das Gnadenwirken des Heiligen Geistes dort für endend halten, wo ihre eigene Konfession die Grenze hat; weil sie von einer Mauer, die ihrem menschlichen Denken wichtig erscheint, behaupten, sie gelte auch vor Gott; weil sie sich vor Gott für verpflichtet halten, auf der anderen Seite dieser Mauer Gläubige, die Glieder sind am Leib Christi, von diesem Leib, von der Kirche, abzusprengen, um sie auf ihrer Seite der Mauer dem Leib Christi, der Kirche, neu einzugliedern.

Traurigerweise geschah solches vom 18. bis zur Mitte des 20. Jahrhunderts häufig bei Katholiken und bei Orthodoxen, obwohl deren Vorfahren – wie wir sahen – einander trotz ihrer Schismen bis ins 17. Jahrhundert als die heilige Kirche ehrten. Doch die Praxis, die der zeitweilig vertretenen Auffassung entsprach, dass alle, die wir nicht zu unserer eigenen Gemeinschaft rechnen, fern von der Kirche Christi stünden und um ihres Seelenheils willen des Herüberkommens zu unserer, der alleinseligmachenden Kirche bedürften, hinterließ bis in unsere Tage tiefe und traurige Spuren im irregeleiteten Glaubensbewusstsein vieler einfacher Gläubiger und Kleriker und sogar hoher Prälaten. Pflicht für die Theologen ist es, dagegen anzugehen, der Wahrheit die Ehre zu geben und das falsche Verhalten offen zu geißeln. Denn jenen Uniatismus, der Gottes allgemeinen Heilswillen lästert, darf es künftig nicht mehr geben.

So sehr wir aber auch zu protestieren haben gegen den Fehler: über jene, die irrig handelten, steht uns kein Urteil zu, nicht einmal über jene, die es immer noch tun trotz aller Möglichkeit zu besserer Belehrung, die ihnen zugänglich wäre. Ihnen wird der Herr, wenn er Gericht hält, aufzeigen, was an ihrem Tun Irrtum war und was wirkliche Missetat ist. Uns selber aber träfe sein Verdikt, wenn wir Gottes Güte weiterhin für so eingeschränkt hielten, dass wir meinten, sie gälte nur uns alleine und wenn wir weiterhin Uniatismus betrieben, obwohl uns die Kirchengeschichte, das II. Vatikanische Konzil und die Dialogkommission Klarheit ermöglichen.

IV. Gott will das Heil aller Menschen

„Extra ecclesiam nulla salus," (= *„außerhalb der Kirche gibt es kein Heil"*) ist ein alter Satz der kirchlichen Gnadenlehre, der schon oft die Gemüter erregte. Doch meist wird übersehen, dass es zwei gegenläufige Anwendungen dieses Satzes gibt. Nur in der einen Anwendung sagt der Satz aus, was die Erregung verursacht, während die andere Anwendung von der Kirche genau jene Bescheidenheit verlangt, von der landläufig angenommen wird, sie werde durch ihn ausgeschlossen. Es ist wahr, dass manche Kirchenvertreter unter Berufung auf unseren Satz nur einen einzigen Weg zur Seligkeit anerkennen möchten. Denn sie unterlegen dem Satz einen Sinn, als ob er je nach der Konfessionszugehörigkeit des jeweiligen Sprechers in etwa bedeute: *„extra Romam"* oder *„extra Wittenberg"* oder *„extra Constantinopolim nulla salus"*. Solche Leute sind Sektierer und leiten aus dem Satz ab, dass Gottes Liebe und Barmherzigkeit nur den Gliedern ihrer eigenen Konfession gelte, also nur jenen Menschen, die den bei ihnen üblichen Lehrformulierungen und Frömmigkeitsformen und der ihnen eigenen Kirchenordnung anhängen, und sie übersehen, dass im Neuen Testament geschrieben seht, Gott ist geduldig, *„weil er nicht will, dass jemand zugrunde geht, sondern dass alle sich bekehren"* (2 Petr 3,9). Ist nicht gerade darin eine „Sünde wider den Heiligen Geist" zu sehen, wenn jemand ernsthaft vorträgt, der allwissende, allbarmherzige und allmächtige Gott und Schöpfer aller Menschen möchte sie zwar alle heimfinden lassen, habe aber von jeher einen Verlauf der Menschheitsgeschichte zuge-

lassen, der die weitaus überwiegende Anzahl seiner Geschöpfe von vornherein gnadenlos ausschließt vom Weg zu dem von ihm selber gesetzten Ziel?

Die andere Anwendung geht von der von jeher gepredigten Grundüberzeugung der kirchlichen Gnadenlehre aus, dass der dreifaltige Gott es für gut befand, immer und überall die Kirche in den Dienst zu nehmen, wenn er das Heil gewährt. Dann ist unser Satz in einem Sinn zu verstehen, der zum Ausdruck bringt: *„ubi salus, ibi ecclesia"* (= *„wo Heil gewährt wird, dort ist die Kirche"*). Dann hat die Kirche einen jeden Menschen als irgendwie mit ihr verbunden anzuerkennen, der die Barmherzigkeit des dreifaltigen Gottes erfährt. Andersartigkeiten zwischen denen, welche Gottes Gnadengaben empfangen, mögen dann Grenzen markieren, die in den Augen der Menschen viel bedeuten, aber keinesfalls die Grenzen der das Heil vermittelnden Kirche meinen.

Als die Christenheit im Römischen Reich noch illegal war, suchten christliche Theologen trotz des Umstandes, dass sie aus dem öffentlichen Leben ausgeschlossen waren, bereits nach einem Dialog mit den kulturellen Strömungen ihrer Zeit. Eine dialogbereite Persönlichkeit war damals der Philosoph und Martyrer Justin. Als Sohn heidnischer Eltern wurde er in Flavia Neapolis (dem alten Sichem, heute Nablus im westjordanischen Palästina) geboren. Bei griechischen Philosophen der verschiedenen Schulrichtungen hatte er lange nach der Wahrheit gesucht, wie er selber beschreibt. Schließlich fand er im Christentum, was er suchte und empfing die Taufe. Er kam nach Rom, wo er als Lehrer der Philosophie und als Verkünder des Christentums wirkte. Zusammen mit sechs Gefährten starb er in Rom um das Jahr 165 den Martyrertod.

Im Sinn Justins hat, wer auf der Suche nach Wahrheit ist, aufzuspüren, was durch Gott, den Schöpfer, als Abglanz der ewigen Wahrheit in die Schöpfung hineingelegt wurde; auch soll jeder, der dazu die Gelegenheit hat, hinhören auf das Wort, das derselbe Gott durch die Propheten Israels an die Menschheit richtete; zur vollen Wahrheitserkenntnis aber kann finden, wer sich der Selbstoffenbarung Gottes durch Jesus Christus, den menschgewordenen ewigen Logos, öffnet. Denn *„viele Male und auf vielerlei Weise hat Gott einst zu den Vätern gesprochen durch die Propheten; in dieser Endzeit aber hat er zu uns gesprochen durch den Sohn, den er zum Erben des Alls eingesetzt hat und durch den er auch die Welt erschaffen hat"* (Hebr 1,1–2).

Menschen, die vor Christi Geburt lebten und als Heiden ehrlich nach der in der Schöpfung niedergelegten Wahrheit suchten oder als Gläubige des Alten Bundes auf die Propheten hörten, bezeichnete Justin ausdrücklich als Christen, weil an Christus, dem Logos, nach Gottes heiligem Willen das ganze Menschengeschlecht Anteil erhalten hat. In seiner sogenannten 1. Apologie schrieb er:

„Dass Christus als der Logos, an dem das ganze Menschengeschlecht Anteil erhalten hat, Gottes Erstgeborener ist, ist eine Lehre, die wir überkommen ... haben. Die, welche mit Vernunft (griechisch: meta logou) lebten, sind Christen, wenn sie auch für gottlos gehalten wurden, wie bei den Griechen Sokrates, Heraklit und andere ihresgleichen, unter den Nichtgriechen Abraham, Ananias, Elias und viele andere ..."[121]

In der sogenannten 2. Apologie griff er das Thema ebenfalls auf (Kap. 7–13). Dabei hob er hervor, dass jene, die durch ihr

---

[121] Kap. 46. Bei Zitaten aus Justin (und im Folgenden auch aus Klemens) folgen wir der Übersetzung in den entsprechenden Bänden der „Bibliothek der Kirchenväter", Kempten 1911–1938.

Forschen Anteil am Logos erlangten, ebenso verfolgt wurden wie die Christen und schrieb:

„Was auch immer die Denker und Gesetzgeber jemals Treffliches gesagt und gefunden haben, das ist von ihnen nach dem Teilchen vom Logos, das ihnen zuteil geworden war, … erarbeitet worden. Da sie aber nicht das Ganze des Logos, der Christus ist, erkannten, sprachen sie oft einander Widersprechendes aus. Auch wurden die, welche vor Christus lebten und nach menschlichem Vermögen vermittels der Vernunft die Dinge zu beschauen und zu prüfen versuchten, als gottlose und neuerungssüchtige Leute vor die Gerichte geschleppt. Sokrates aber, der von ihnen allen in dieser Hinsicht der entschiedenste war, wurde derselben Vergehen wie wir (Christen) angeklagt; denn man sagte, er führe neue Gottheiten ein und verwerfe die Götter, welche der Staat anerkenne."

Seinen eigenen Weg bei der Suche nach Wahrheit beschreibend und seine hohe Verehrung für die Philosophen bezeugend, die *„an dem in Keimen ausgestreuten göttlichen Logos (am logos spermatikos) Anteil haben"* und Christen genannt zu werden verdienen, führte er aus:

„Als Christ erfunden zu werden, das ist, ich gestehe es, der Gegenstand meines Gebetes und meines angestrengten Ringens, nicht als ob die Lehren Platos denen Christi fremd seien, sondern weil sie ihnen nicht in allem gleichkommen, und ebenso wenig die der anderen, der Stoiker, Dichter und Geschichtsschreiber. Denn jeder von diesen hat, soweit er Anteil hat an dem in Keimen ausgestreuten göttlichen Logos und soweit er für das diesem Verwandte ein Auge hat, treffliche Aussprüche getan. Da sie sich aber in wesentlichen Punkten widersprechen, zeigen sie damit, dass sie es nicht zu einem weit blickenden Wissen und zu einer unfehlbaren Erkenntnis gebracht haben. Was immer sich also bei ihnen trefflich gesagt findet, gehört uns Christen an,

weil wir nach Gott den von dem ungezeugten und untrennba-
ren Gott ausgegangenen Logos anbeten und lieben, nachdem er
unseretwegen Mensch geworden ist, um auch an unseren Leiden
teilzuhaben und Heilung zu schaffen."
Für Justin war es sicher, dass alles Suchen nach Wahrheit
dorthin strebt, wohin das Evangelium führt; weil beides ein
gemeinsames Ziel verbindet, wusste Justin beides eng aufei-
nander bezogen.

Klemens von Alexandrien († ca. 215), ein Gelehrter aus Alexandrien, der höchstrangigen Stadt der Weisheit und Wissen-
schaft der Antike, nannte in den *Stromata* die griechische Philosophie *„in gewisser Hinsicht ein Werk göttlicher Vorsehung"*
(I,18,4) und *„ein deutliches Abbild der Wahrheit, ein göttliches,*
den Griechen verliehenes Geschenk" (I,20,1), *„vor der Ankunft*
des Herrn den Griechen zur Rechtfertigung notwendig" (I,28,1;
vgl. auch I,99,3). Nach ihm *„erzog sie das Griechenvolk für Chris-*
tus wie das Gesetz die Hebräer" und *„bahnt und bereitet den Weg*
vor, der von Christus vollendet werden soll" (I,28,3).
Man muss sich den Paulustext in Gal 3,24 vergegenwärtigen,
in dem das gottgegebene Gesetz des Alten Bundes *„Pädagoge*
auf Christus hin" genannt ist, um die Tragweite der Worte
des Klemens über die griechische Philosophie zu ermessen:
für Klemens bestand zwischen der griechischen Philosophie
und dem Neuen Testament eine ebensolche Beziehung wie
zwischen dem Alten und dem Neuen Testament. Er schrieb:
„Aber wenn auch die griechische Philosophie die Wahrheit nicht
in ihrer ganzen Größe erfasst und außerdem nicht die Kraft hat,
die Gebote des Herrn zu erfüllen, so bereitet sie doch wenigstens
den Weg für die im höchsten Sinn königliche Lehre, indem sie
irgendwie zum Nachdenken veranlasst, die Gesinnung beein-
flusst und zur Aufnahme der Wahrheit geeignet macht" (I,80,6).

Da er überzeugt war, dass Altes Testament und griechische Philosophie aus einem gemeinsamen Urquell, nämlich aus Gottes Heilsplan für alle Menschen, entsprangen, erkannte Klemens in ihnen zwar nicht das Ziel selbst an, wohl aber zwei Hilfen auf dem Weg zum Ziel. Sie hatten diejenigen, denen sie durch Gottes liebende Vorsehung zu Pädagogen bestellt waren, in je ihrer Weise auf die Fülle der Wahrheit und des Heiles in Christus vorzubereiten.

Die über jeden Zweifel erhabene Überzeugung, dass im Evangelium der Weg zu Gott und zu jener Vollendung, die wir erlangen dürfen, wenn der Herr wiederkommt, die sicherste Darlegung fand, die uns Menschen überhaupt erreichbar ist, geht in den Stellungnahmen aus der alten Kirche Hand in Hand mit einer Bescheidenheit, die auch voll die Werte im Werk der Philosophen gelten ließ.[122] Nur auf Basis des Nebeneinander-gelten-Lassens von Offenbarung und philosophischer Kultur wurde es den Kirchenvätern möglich, jene theologischen Werke zu schaffen, deren wir uns bis heute im theologischen Unterricht bedienen. Denn als sie das Evangelium interpretierten, taten sie dies unter Verwendung auch aller denkerischen Möglichkeiten, die ihnen die zeitgenössische Kultur bot.

Als das Christentum schon Staatsreligion im Römerreich geworden war, aber noch bevor das christianisierte byzantinische Reich unter Kaiser Justinian zu der (überheblichen)

---

122 Leider muss festgestellt werden, dass der Kirche diese Bescheidenheit schrittweise verloren ging, nachdem sie von den Konstantinopeler römischen Kaisern zur Staatsreligion gemacht worden war. Unter der neuen Patronanz steigerte sich die Kirche nämlich allmählich in das stolze Bewusstsein hinein, allein die nicht mehr fehlbare Lehrerin für alle Menschen zu sein.

Überzeugung kam, die Rhomäer seien schlechthin die Nation der Christen und alle Christen hätten eigentlich römische Bürger zu sein, lebte Romanos mit dem Beinamen „der Melode". Er gehört zu den großen Dichtern der Weltliteratur, wurde um 485 in der Stadt Emesa (heute Homs) in Syrien geboren, war als Diakon zunächst in Berytus (heute Beirut) tätig, kam unter Kaiser Anastasios I. (491–518) nach Konstantinopel und wirkte dort als Kleriker bis zu seinem Tod (um 560) an einer Mutter-Gottes-Kirche. Sein dichterisches Können stellte er in den Dienst der Glaubensverkündigung und seine Dichtungen, die Kontakien genannt werden, sind wichtige Zeugnisse für die katechetische Unterweisung, welche die Kirche seiner Tage den Gläubigen erteilte.

Das griechische Heidentum war zu seiner Zeit schon überwunden, und den Islam gab es noch nicht. Die Religion der Perser war damals außer dem Judentum die einzige bedeutende nichtchristliche Religion im Blickfeld der griechischen Christen. Die Führer der persischen heidnischen Religion nannte man Magier und wenn man im Matthäusevangelium von Magiern aus dem Osten las, die nach Bethlehem kamen, dachte man an Perser. Wenn also in Kirchenliedern jener Zeit von Magiern aus dem Osten die Rede ist, waren in der Regel die persischen Religionsführer gemeint (oder mindestens mitgemeint). Bei Romanos ist es nicht anders und er zeichnete die persische Religion als der christlichen Verkündigung noch näher stehend, als Justin und Klemens dies bezüglich der griechischen Weisheit getan hatten.[123]

123 Eine kritische Edition des (ersten) Kontakions des Romanos auf die Christgeburt, aus dem die folgenden Zitate stammen, liegt vor bei J. Grosdidier de Matons: Romanos le Melode: Hymnes, Bd. II (= Sources chretiennes 110), Paris 1966, S. 50–77. Eine deutsche Übersetzung lieferte J. Koder: Mit der Seele Auge sah er Deines Lich-

Kontakien des Romanos waren in gottesdienstlicher Verwendung gewesen[124], wurden mit der Zeit aber von jüngeren Dichtungen verdrängt. Dass dies nicht geschah, weil ihr Inhalt auf theologischen Widerspruch gestoßen wäre, ergibt sich daraus, dass Romanos gerade für seine Dichtungen von der griechischen Kirche als Heiliger verehrt wird. Eine Legende, die bis heute in die Gottesdienstbücher der griechischen Kirche für seinen Gedenktag eingetragen ist, berichtet, dass ihm die Mutter Gottes im Traume erschienen sei und ihm wunderbar die Gabe des Hymnengesangs gewährt habe. Gerade das Kontakion auf die Christgeburt, dem alle Zitate entstammen, auf die wir uns im Folgenden berufen, wird in dieser Legende ausdrücklich der Gottesmutter selbst in den Mund gelegt.

In der vierten Strophe dieses Kontakions beginnt eine Zwiesprache zwischen der Jungfrau Maria und den Magiern, die nach Bethlehem kamen; darin geht es um die Hinordnung der persischen „heidnischen" Weisen auf Christus. Die Magier werden von der Jungfrau Maria, die erstaunt ist, dass sie, die Fremden, den Neugeborenen suchen, befragt, wer sie seien und wieso sie kommen konnten. Da teilen sie mit, dass der Stern ihnen Aufschluss gab, und auf Bileam, sagen sie, gehe

tes Zeichen, Wien 1996 (diese und eine andere Übersetzung, die anlässlich einer Seminarübung entstand, liegt den nachfolgenden Ausführungen zugrunde.)

124 In TRE XXIX, 399 wird ausgeführt, dass Kontakien bis zur Eroberung Konstantinopels durch die Lateiner (1204) in der Hagia Sophia in Gebrauch waren. In dem Beitrag heißt es: „Nach Zeugnissen aus dieser Zeit sah die Gottesdienstordnung der Hagia Sophia für 17 Festtage von der Gemeinde begangene Vigilien vor. Für 12 von ihnen war ein Kontakion vorgeschrieben, und 8 dieser Kontakien stammten von Romanos."

es zurück, dass sie die Botschaft des Sternes erfassen konnten[125]:

„Genau tat Bileam uns den Sinn seiner prophetischen Worte kund, in denen er sagte, ein Stern werde aufgehen, ein Stern, der alle Weissagungen und Vogelzeichen auslöscht, ein Stern, der die Gleichnisse, Sprüche und Rätsel der Weisen erklärt, ein Stern, der als Schöpfer aller Gestirne den nun strahlenden Stern an Glanz weit übertrifft, von dem prophezeit wurde, aus Jakob gehe er auf.“

Bileams prophetischer Spruch, der die Magier erleuchtete, lautet:

„Ich sehe ihn, doch nicht (schon) jetzt! Ich schaue ihn, aber noch nicht nahe! Ein Stern geht auf aus Jakob, ein Zepter erhebt sich aus Israel … Israel gewinnt Macht; der (Spross) aus Jakob herrscht über seine Feinde …“ (Num 24,17–19).

Der Spruch Bileams, bezeugen die Magier, habe sie, als sie den Stern sahen, zum Aufbruch veranlasst. Nachdem die Jungfrau Maria gehört hat, dass der fremdstämmige Prophet den fremden Weisen den rechten Weg wies, wendet sie sich in der nächsten Strophe an Jesus in einem Lobpreis, der an das „Magnificat“ anschließt und in Fürbitte übergeht:

Übergroß ist, was Du an mir Armer getan hast, mein Kind. Siehe, draußen verlangen Magier nach Dir, die Herrscher des

---

125 Auf einen heidnischen Propheten also. Denn Bileam, auf den sich die nichtchristlichen Magier berufen und erklären, dass er sie Christus entgegen brachte, war ein nichtisraelitischer Prophet gewesen. Laut Num 22–24 vom Moabiterkönig Balak gerufen, hätte der nicht zum Volk Israel gehörige Prophet Bileam Israel verfluchen und Balak den Sieg über Israel ermöglichen sollen. Doch trotz seiner Fremdstämmigkeit war Bileam erwählt worden, Gottes Segen über das Gottesvolk auszusprechen, und seine Prophetie wurde gewürdigt, wie die Aussprüche der Propheten aus dem heiligen Volk in der Heiligen Schrift aufgezeichnet zu werden.

Orients verlangen Dein Antlitz zu sehen, die Edlen Deines Volkes flehen, denn fürwahr, Dein Volk sind sie, die in Dir erkennen ein kleines Kind, vor allen Zeiten Gott. Da sie Dein Volk sind, Kind, befiehl, dass sie eintreten unter Dein Dach ...."

Das Dach, unter das die Magier hereingerufen werden sollen, die trotz ihrer heidnischen persischen Religion von der Gottesmutter *Jesu Volk* genannt werden, ist zunächst der Stall von Bethlehem, vor dem sie, vom Stern geführt, ankamen. Doch nach patristischer Tradition ist Maria Symbol der Kirche. Also müssen wir den Lobpreis zugleich als von der Kirche gesprochen begreifen. Die Großtat Gottes, der durch Worte des „heidnischen" Propheten Bileam und durch einen Stern die „heidnischen" Magier „an die Schwelle" führte, und die Bezeichnung „dein Volk" für die Bileamsjünger erhalten dann ihr volles Gewicht. Gemeint ist die Fürbitte der jungfräulichen Mutter Kirche, der urewige Gott möge denen das „Überschreiten der Schwelle" (= die kirchliche Gemeinschaft) gewähren, die seine Vatergüte schon so nahe heranführte.

Den folgenden beiden Strophen kommt im Kontakion größtes Gewicht zu, denn sie sind Christus selbst in den Mund gelegt. An die Mutter Maria und also auch an die Mutter Kirche gewandt, bezeugt Christus, dass er es war, der die „heidnischen" Magier führte; dass diese in Wahrheit Seinem Wort folgten, wo sie Sternenkult zu verrichten meinten; dass er Menschen erfüllt, die sich „draußen" befinden, obwohl er von der Mutter Kirche nie weggeht:

„Jesus Christus, unser wahrer Gott, berührte unsichtbar die Seele seiner Mutter und sprach: Geleite herein, die ich durch mein Wort herbeigeführt habe, denn mein Wort leuchtete denen, die nach mir verlangen. Ein Stern zwar ist es dem Anschein nach, eine Kraft jedoch im Geiste, welche mit den Magiern kam um mir zu dienen, und über uns steht, um ihren Dienst zu tun und

mit ihren Strahlen den Ort anzuzeigen, wo geboren wurde ein
kleines Kind, vor allen Zeiten Gott. Empfange nun, Ehrwür-
dige, die mich empfangen haben! In ihnen ruhe ich wie auf dei-
nen Armen und ohne von dir mich zu entfernen, kam ich zu ih-
nen."

In kaum überbietbarer Weise bringt Romanos hier durch
die Worte *„in ihnen ruhe ich wie auf deinen Armen und ohne*
von dir mich zu entfernen, kam ich zu ihnen" prägnant zum
Ausdruck, dass der Herr uneingeschränkt bei der Kirche
bleibt, wenn er sich auf besondere Weise Menschen zuwendet, die nicht in der Kirche sind. Für diesen Satz darf Romanos als begnadeter Prediger von Gottes Heilsplan gelten.

Überdies vergleicht er in diesem Kontakion das „Heidentum"
der Magier ausdrücklich mit der Religion des Alten Bundes
und zieht dabei eine Parallele, die den Aussagen des Klemens
von Alexandrien über das Griechentum gleicht. Judentum
und Magierglauben sind für Romanos gleichrangiges Weg-
geleit zu dem von Gott bestimmten Ziel. Von den Juden befragt, wie sie unbekannte Wege haben ziehen können, antworten die Magier:

„Wie durchzogt ihr einst die große Wüste, durch die ihr kamt?
Der euch aus Ägypten führte, führte jetzt auch die aus dem Chal-
däerland zu sich. Einst mit der Feuersäule, jetzt aber mit dem
Stern kündet er ein kleines Kind, vor allen Zeiten Gott. Über-
all ging uns der Stern voran wie Moses euch den Stab voran trug,
das Licht, das die Gotterkenntnis verbreitete. Euch nährte einst
Manna und tränkte der Fels, uns aber erfüllte die Hoffnung auf
Ihn. Von seiner Freude genährt, hatten wir nicht im Sinn, durch
die unwegsame Wüste nach Persien zurückzukehren, denn wir
wollten schauen, anbeten und lobpreisen ein kleines Kind, vor
allen Zeiten Gott."

Dass beim Vergleich sich sogar ein größerer Gehorsam der „Heiden" ergibt, weil die „Heiden" nicht umkehren wollten wie die Israeliten in der Wüste, nötigt alle, die „drinnen" sind, zu um so größerer Demut vor denen, die Gott nur „an die Schwelle heranführte".

Das Kontakion des Romanos, das gedichtet wurde, ehe der Islam entstand, kann uns Leitlinie sein beim Nachdenken über den Islam und über die nichtchristlichen Religionen überhaupt.

In der dogmatischen Konstitution über die Kirche *Lumen gentium* des II. Vatikanischen Konzils wird in den Abschnitten 14–16 ausdrücklich gelehrt, dass der Weg zum ewigen Ziel stets über die Kirche führt, und von allen wird gesprochen, denen die Kirche auf diesem Weg hilft. Die Konstitution benennt zunächst jene, denen es zuteil wurde, der Kirche anzugehören. Dann zählt es jene auf, von denen eng denkende Konfessionalisten der Meinung sein könnten, sie stünden „draußen". Solcherlei Meinung weist das Konzil entschieden ab und betont, dass unser Gott, der das Heil aller Menschen will, ihnen allen eine (in manchen Fällen allerdings nur schwer erkennbare) Hinordnung auf die Kirche schenkt und sie ebenso auf das nämliche Ziel des ewigen Lebens zurüstet wie die Glieder der Kirche.

Von jenen, die voll zur Kirche gehören, spricht Abschnitt 14 und warnt vor zwei Irrtümern. Zum einen, dass es verfehlt wäre, sich für das Heil auf ein bloßes Dazugehören zur Kirche zu verlassen, und zum anderen, dass irrt, wer die Zugehörigkeit zu ihr durch eigenes Suchen erreichen möchte: *„Jene werden der Gemeinschaft der Kirche voll eingegliedert, die, im Besitz des Geistes Christi, ihre ganze Ordnung und alle in ihr eingerichteten Heilsmittel annehmen und in ihrem* sichtbaren Verband mit Christus, der sie durch den Papst und die Bischöfe leitet, verbunden sind, nämlich durch die Bande des Glaubensbekenntnisses, der Sakramente und der kirchlichen Leitung und Gemeinschaft. Nicht gerettet wird aber, wer, obwohl der Kirche eingegliedert, in der Liebe nicht verharrt und im Schoss der Kirche zwar >dem Leibe<, nicht aber >dem Herzen< nach verbleibt. Alle Söhne der Kirche sollen aber dessen eingedenk sein, dass ihre ausgezeichnete Stellung nicht den eigenen Verdiensten, sondern der besonderen Gnade Christi zuzuschreiben ist; wenn sie im Denken, Reden und Handeln nicht entsprechen, wird ihnen statt Heil strengeres Gericht zuteil."

Das Dekret *Unitatis redintegratio*, über welches das II. Vatikanische Konzil in der nämlichen Sitzung abstimmte wie über die Konstitution *Lumen gentium*, unterscheidet unter den vom Papst getrennten christlichen Gemeinschaften Kirchen und kirchliche Gemeinschaften. Darum ist volle Gliedschaft an der Kirche aus der Sicht des Konzils weitreichend zu verstehen. Nicht nur jene Ortskirchen, die zur römischen Kirchengemeinschaft zählen, sondern auch Gemeinschaften, die vom Papst getrennt sind, aber die Fülle der heiligen Sakramente beibehielten, sind die Kirche Christi und auch für ihre Gläubigen gilt ausdrücklich, was über die Katholiken gesagt worden war.

Von recht vielen Bedingtheiten des Bezugs zur Kirche als der notwendigen Weghilfe zum Ziel des ewigen Lebens sprechen die Abschnitte 15 und 16. Zunächst legen sie dar, dass der Heilswille Gottes alle Getauften umfasst, und Abschnitt 15 zählt ausführlich auf, welch vielfältige Gnadengaben den Gläubigen der kirchlichen Gemeinschaften offen stehen. Sodann ist die Rede von den Gläubigen der monotheistischen Religionen, und selbst von frommen Menschen, die *„in Schatten und Bildern den unbekannten Gott suchen ... der allen Leben und Atem* *und alles gibt,"* denn wer *„das Evangelium Christi und seine Kirche ohne Schuld nicht kennt, Gott aber aus ehrlichem Herzen sucht, seinem im Anruf des Gewissens erkannten Willen unter dem Einfluss der Gnade in der Tat zu erfüllen trachtet, kann das ewige Heil erlangen";* sie alle sind *„auf das Gottesvolk auf verschiedene Weise hingeordnet".* Selbst jenen verweigert die göttliche Vorsehung *„das zum Heil Notwendige nicht, die ohne Schuld noch nicht zur ausdrücklichen Anerkennung Gottes gekommen sind",* jenen also, die als Atheisten ein rechtes Leben zu führen sich bemühen und dies nach der Lehre des Konzils wie wir Christen nicht ohne die göttliche Gnade – nicht ohne einen Bezug zur Kirche – zu tun vermögen.

Die Leitpflöcke zum Heil, die Gott den Menschen setzte, sind also grundverschieden. Ihre Wege beginnen von Ausgangspunkten her, von denen manche für menschliches Denken sogar als gottwidrig erscheinen mögen; aber auch sie führen zum nämlichen Ziel und nur kraft der Hilfe Gottes – durch Seine Gnade, und das heißt: in jedem Fall über die Kirche – kann dieses Ziel erreicht werden von jenen, die Glieder der Kirche sein dürfen und von jenen, die „hingeordnet sind auf die Kirche".

Die Ausgangspunkte werden vergehen, denn alles Irdische ist wie das Gras; auch die Wege, die begangen werden, sind etwas Vorübergehendes. Was die einzelnen Menschen und ihre religiösen Gemeinschaften beim Voranschreiten erreichen können, sind Anfänge dessen, was ihnen zu guter Letzt ermöglicht werden wird, vergleichbar den Sprossen auf Getreidefeldern im Frühjahr, an denen noch keine Frucht zu sehen ist, die aber von Monat zu Monat die Ernte mehr vorbereiten und sich daher stets verändern; nur das von Gott verbürgte Ziel bleibt und ist immer dasselbe.

Keiner von uns vermag in die Seele der Mitmenschen zu blicken; also kann auch keiner Gottes Hilfe für die Menschen auf ihren unterschiedlichen Wegen zum gemeinsamen Ziel ergründen. Wie sollte es sinnvoll sein, die Ist-Stände des geistlichen Lebens anderer Menschen beurteilen zu wollen, wenn wir ihre Ausgangspunkte und die Wege, auf denen sie vorangehen dürfen, nicht genau kennen und überdies wissen, dass das von ihnen Erlangte morgen mehr (in traurigen Fällen leider vielleicht auch weniger) sein wird als am heutigen Tag, an dem wir die Beurteilung versuchen wollten? Zudem verdeutlicht der Vergleich, den Romanos anstellte zwischen dem Zug des alten Volkes Gottes und der persischen Magier durch die Wüste, dass auch solche, die für benachteiligt gehalten werden könnten, unter Umständen sogar besser voran kommen als jene, die bevorzugt erscheinen. Nur über die Bezogenheit auf das Ziel, das uns und die anderen anzieht, können wir nachdenken. Doch auch dies ist schwierig, weil wir sowohl das Ziel selber als auch unser Pilgern in der Jetztzeit und jenes der anderen nur wie „in einem Spiegel" schauen. Denn was unser Erkennen der geistlichen Wirklichkeiten anbelangt, lesen wir beim hl. Paulus: *„Jetzt schauen wir in einen Spiegel und sehen nur rätselhafte Umrisse, dann aber schauen wir von Angesicht zu Angesicht. Jetzt erkenne ich unvollkommen, dann aber werde ich durch und durch erkennen, so wie ich auch durch und durch erkannt worden bin"* (1 Kor 13,12). So ist uns also nur eine Vorahnung von dem erlaubt, was für uns und für sie bereit steht.

Weder über die Ausgangspunkte noch über die Wege, auf denen das Vorangehen ermöglicht wird, wissen wir zuverlässig Bescheid, und was heute erreicht ist, wird morgen anders sein. Nur das endgültige Ziel unseres Mühens und Hoffens ist dasselbe. Aber dieses können wir, solange wir unterwegs sind, nur erahnen, nicht hinreichend umschreiben, um unter Bezugnahme darauf eindeutige Urteile zu fällen.

Große Freude aber ist uns für das ewige Leben im Jenseits verheißen, wenn uns vollendete Communio mit unserem Gott und mit den Millionen von Milliarden ans Ziel geführter Menschen zuteil werden wird – mit Menschen, die vor unvordenklichen Zeiten, vorgestern, gestern, heute, morgen und übermorgen und vielleicht noch nach Jahrhunderten oder Jahrtausenden auf Erden gelebt haben und leben werden und von Gott ans Ziel geführt sind.

Wir werden Zeugnis erhalten von Gottes unendlich vielgestaltigem Erbarmen. Jeder einzelne von den geretteten Menschen, mit dem wir dann in Gemeinschaft werden stehen dürfen, wird uns voller Freude mitteilen können, wie er vom Erlöser und Herrn Jesus über die Kirche Gottes heilswirksame Gnade auf einem für ihn persönlich gestalteten Weg empfing. Auf ewig werden wir dann mit einer Schar, die niemand wird zählen können, unseren dreifaltigen Gott lobpreisen dürfen für die reiche Fülle seiner erbarmenden Liebe, mit der Er sich um jedes seiner Geschöpfe ganz persönlich kümmert und uns dadurch seine anbetungswürdige Größe zu erkennen gibt, dass Er, der allein Große, auch die Kleinsten von uns ganz persönlich zu seinen Freunden erwählte.

Bibliografische Information der Deutschen Nationalbibliothek
Die Deutsche Nationalbibliothek verzeichnet diese Publikation
in der Deutschen Nationalbibliografie; detaillierte bibliografische Daten
sind im Internet über ‹http://dnb.ddb.de› abrufbar.

© 2013 Echter Verlag GmbH, Würzburg
www.echter-verlag.de
Umschlaggestaltung: Peter Hellmund
Umschlagfoto: Shutterstock
Satz: Hain-Team, Bad Zwischenahn (hain-team.de)
Druckerei: Difo Druck, Bamberg

ISBN 978-3-429-03623-2